Mehr als Worte verdeutlichen oft Bilder den Konflikt, die Störung, aber auch die Ressourcen eines Patienten, der sich in psychotherapeutische Behandlung begibt.
Zu Beginn dieses psychodynamischen »Bilderbuches« gibt die Autorin eine Übersicht über die Manifestationen der Ich-Entwicklung in der griechischen Mythologie. Dieser anthropologischen Annäherung an das Thema folgt eine Darstellung psychodynamischer Lehren von der Entwicklung des Ichs. Im Hauptteil werden etwa 100 Patientenbilder mit Deutungen der Ich-Repräsentanzen vorgestellt. Ein umfangreiches Kapitel ist der Frage gewidmet, wie der Therapeut mit dem Patienten in einen fruchtbaren Dialog über die Bildinhalte eintreten kann. Das Buch eignet sich in hervorragender Weise als Einführung in die psychodynamische Arbeit mit Patienten-Bildern.

Dr. med. Gisela Schmeer, Dipl.-Psych., Ärztin für Psychoanalyse und Psychotherapie, ist als Kunsttherapeutin und Psychoanalytikerin in freier Praxis tätig. Dozentin im Rahmen der ärztlichen Weiterbildung; Lehrbeauftragte bei der Akademie der Bildenden Künste München für das Aufbaustudium »Bildnerisches Gestalten und Therapie«. Im J. Pfeiffer Verlag sind folgende Bücher der Autorin erschienen: »Heilende Bäume«, Baumbilder in der psychotherapeutischen Praxis (1990, vergriffen); »Krisen auf dem Lebensweg«, Psychoanalytisch-systemische Kunsttherapie (1994).

Gisela Schmeer

Das Ich im Bild

Ein psychodynamischer Ansatz
in der Kunsttherapie

Verlag J. Pfeiffer · München

Die Deutsche Bibliothek – CIP-Einheitsaufnahme

Das Ich im Bild: ein psychodynamischer Ansatz in der Kunsttherapie / Gisela Schmeer. – 2. Aufl. – München: Pfeiffer, 1995
  (Reihe leben lernen; 79)
  ISBN 3-7904-0588-4
NE: Schmeer, Gisela; GT

2. Auflage 1995

Reihe »Leben lernen«
Nr. 79
Herausgegeben von Monika Amler
und Siegfried Gröninger

Printed in Germany
Gesamtherstellung: G. J. Manz AG, Dillingen/Donau
© Verlag J. Pfeiffer, München 1992
ISBN 3-7904-0588-4

Das Äußere ist ein
in Geheimniszustand erhobenes
Inneres.

Novalis

Damit die Augen die Dinge sehen,
muß eine Kommunion mit ihnen bestehen.

Krishnamurti

Inhaltsverzeichnis

Einleitung

In diesem Buch geht es um spontan gemalte Bilder.
In diesem Buch geht es auch um Ich-Analysen.
Lassen sich Bilder und Analysen überhaupt in Einklang bringen? Ist der Mißklang nicht im Thema bereits intoniert?
Ein ewiger Kampf scheint zu bestehen zwischen der Welt der Bilder und der Welt der Abstraktion. Ganze Kulturen schlugen sich auf die Seite der Bilder, die Ägypter in der Periode der Bilderschrift, der Hieroglyphen. Ganze Kulturen wandten sich radikal von den Bildern ab, so der Islam mit seiner Religion des Anti-Bildes. Die Extreme haben sich in den Jahrtausenden immer wieder abgelöst und abgewechselt: War das Pendel in die Richtung des einen Extrems, des Bildes, ausgeschlagen, folgte zwangsläufig nach einiger Zeit der Ausschlag in die Richtung des anderen Extrems, der Ratio.
Diese konträren Positionen scheinen auch in jedem von uns wirksam zu sein, wenn es um das »Analysieren« von Bildern geht:
Besteht bei der Analyse von Bildern in der Psychotherapie womöglich die Tendenz, daß die Ratio, indem sie die Bilder analysiert, sich ihrer bemächtigt?
Oder läuft es darauf hinaus, daß die Bilder, indem sie sich jeder Analyse entziehen, dem Verstand seine Ohnmacht demonstrieren?
Psychotherapeuten und Patienten sind oft erschüttert, wenn erstmals ein spontan gemaltes Bild dazugenommen wird und wenn das Bild etwas offenbart, wozu die Sprache, selbst wenn sie bildhaft war, keinen Zugang hatte. Die Erschütterung geht manchmal in Begeisterung über, in den Rausch der unmittelbaren Erkenntnisprozesse, die ihre Energie aus der Evidenz, der Wahrheit der Bilder beziehen – aber auch ihre Gefährdungen. Denn das Ich kann zuviel Wahrheit oft nicht fassen.
Beim einzelnen scheint sich dann manchmal jene Pendelbewegung zu wiederholen, die wir aus den Kulturen kennen: Die Bilder faszinieren, halten in Bann, scheinen gewonnen zu haben – auf einmal jedoch sind sie so gefährlich, daß der Mensch schaudernd Abstand nimmt und wieder in den distanzierteren Bereich der sprachlichen Begriffe zurückkehrt.
Wenn wir hier den Versuch unternehmen, gemalte Bilder und die psychoanalytischen Modelle vom Ich miteinander in Beziehung zu setzen, so müssen wir den »Pendelschlag« in uns selbst permanent vollziehen. Wir geraten dabei in einen »oszillierenden« Zustand, der einmal die Bilderwelt, das andere Mal den analysierenden Verstand stärker besetzt.

Ein Kunsttherapeut, der sich auf diese Weise, seelisch »schwingend«, dem Bilde nähert, wird dessen *dynamischen Hintergrund* eher erfassen. Hinter der geronnenen Bild-Spur wird er das Spiel der psychischen Kräfte spüren, die das Bild entstehen ließen, jener Kräfte, deren *Regulator* das *Ich* ist.

Das Ich im Bild – warum wird diesem Thema ein ganzes Buch gewidmet?

Meine Arbeit mit Studenten und Lernenden im Rahmen von kunsttherapeutischen Seminaren und Supervisionen zeigt mir immer wieder, daß signifikante, Komplex-besetzte Symbole im Bild oft eine besondere Faszination ausüben und vorschnell bearbeitet werden. Wobei Anfängern auf dem Gebiet der Kunsttherapie oft nicht klar ist, wie sehr der Maler infolge Unterwanderung seiner Schutz- und Abwehrmechanis-men destabilisiert werden kann.

Das Ich im Bild – ich widme diesem Thema ein ganzes Buch, weil das Erkennen der Ich-Position zur *grundsätzlichen Orientierung* jedes Kunsttherapeuten gehören sollte; weil sich die *psychische Belastbarkeit* des Patienten speziell aus der Ich-Position im Bild ablesen läßt; weil dem Patienten nur so viel »Bild« zugemutet werden darf, wie sein Ich integrieren kann.

Das Bildmaterial, das in diesem Buch veröffentlicht wird, stammt zum großen Teil von Patienten, deren (Ich-)Entwicklung ich über viele Jahre begleiten konnte und die mir bis heute, oft viele Jahre nach Abschluß der Behandlung, immer noch gelegentlich über ihren weiteren Lebensweg berichten. Diese Tatsache hat mir die differenzierte Erläuterung und Analyse ihrer Bilder erleichtert. Für ihre Bereitschaft, ihre Bilder in dem Buch zu publizieren, möchte ich an dieser Stelle herzlich danken. Diejenigen, die ich nicht erreichen konnte, mögen beim Lesen dieses Buches staunend feststellen, daß die »alten« Bilder aus der Zeit der Krise längst durch neue Bilder abgelöst worden sind: weil die Seele in sich selbst Kräfte hat, die die »kranken« Bilder heilt.

Im folgenden beleuchte ich zunächst das Schicksal des Ichs im Mythos, beschreibe einige psychoanalytische Lehren von der Entwicklung des Ichs, analysiere die Verhüllungs-Mechanismen des Ichs während des Malprozesses. Diagramme, Schemata und einzelne Bilder werden in den Text eingestreut, um den Leser auf den Hauptteil einzustimmen und vorzubereiten.

Der Hauptteil beschäftigt sich mit den Ich-Positionen im Bild. Aus der Analyse dieser Ich-Positionen lassen sich Schlüsse ziehen auf den Grad der erreichten Ich-Reife, besonders auf das Angstniveau, das Objektbeziehungsniveau, das Niveau der Abwehrmechanismen und der erreichten Identität und Autonomie. Eine solche

Ich-entwicklungsdiagnostische Orientierung ist die wichtigste Basis-Orientierung, die jeder tiefergehenden therapeutischen Arbeit vorausgehen sollte. Nur wer als Therapeut die psychische (Ich-)Belastbarkeit des Patienten einbezieht, kann in der Arbeit mit Bildern heilsam dosieren.
Im letzten Kapitel gebe ich einige Anhaltspunkte für den therapeutischen Umgang mit dem Ich im Bild.

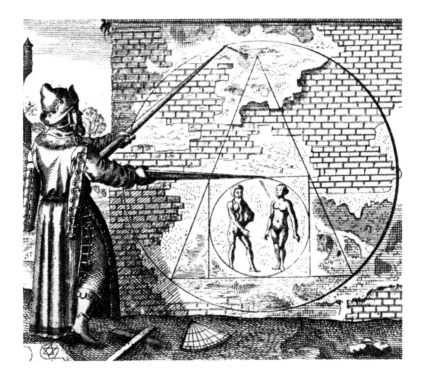

Alchemistische Darstellung des Kreises, Symbol der Ganzheit und der Vereinigung der Gegensätze, hier als Mann und Frau dargestellt: Die Bilderwelt wird meist dem Weiblichen, die Abstraktion dem männlichen Prinzip zugeordnet.

I. Das Schicksal des Ichs im Mythos

A) Das Entwicklungsprinzip der Differenzierung: im Mythos / in der Ich-Psychologie / in der Embryologie

Das Chaos

Die alten Griechen waren der Meinung, daß das Leben der Götter einen Anfang gehabt habe. Ehe sie existierten, gab es nur einen weiten und leeren Abgrund, das Chaos.
Inmitten dieses Abgrundes bildete sich Gaia, die Erde, als eine kreisrunde Scheibe, die im Meer schwamm. Über ihr leuchtete der Sternenhimmel, Uranus genannt. Unter ihr drohte die Unterwelt, der Tartaros (KERÉNYI[1]).
Gaia, die Erde, und Uranus, der Sternenhimmel, vereinigen sich, und es entsteht das Göttergeschlecht der Titanen. Die Geschlechter entwickeln und verzweigen sich. Die Titanen werden abgelöst von den olympischen Göttergeschlechtern, diese von den Heroen. Das Menschliche wird integriert.

Differenzierung im Schöpfungs*mythos:*
Der Mond paart sich mit dem Morgenstern, um die Geschöpfe der Erde zu zeugen (rhodesisch).

Die undifferenzierte Matrix

Am Beginn der griechischen Mythologie steht also, wie am Beginn der menschlichen Psyche, eine Art »undifferenzierte Matrix« (HARTMANN[2]), aus der sich Strukturen und Differenzierungen herausbilden:
Auch das Ich differenziert sich, und es kommen immer neue Dimensionen und Strukturen hinzu.
Halten die Strukturen nicht stand, so herrscht wieder, wie am Urbeginn des (Mensch-) Seins, das Chaos. Z. B. in der Psychose: Reste verlorengegangener Strukturen schwimmen zusammenhanglos im Raum. Auch im Traum.

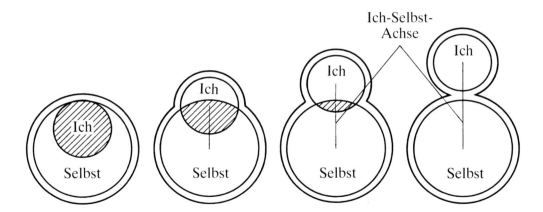

Differenzierung der *Psyche:*
Zunächst existiert das Ich nur als Möglichkeit und ist eine Komponente des Selbst (JUNG[3]). Erst später differenzieren sich Ich und Selbst, das Ich entwickelt sich aus dem Selbst heraus. Es bildet sich die *Ich-Selbst-Achse,* die verstanden wird als lebensnotwendige Verbindung des Ichs zur psycho-biologischen Ganzheit des Selbst (STEVENS[4]).

Der Zellhaufen (Blastula)

Das Entwicklungsprinzip, das in den Schöpfungsmythen anklingt und auf die Entwicklung des Ichs übertragbar ist, gilt auch für die Entwicklung des menschlichen Embryos: Scheinbar chaotisch wächst nach der Befruchtung die Blastula, das Zellknäuel, der Zellhaufen: Bis sich das Prinzip der Keimblätter durchsetzt, der frühesten Strukturen, aus denen sich später die Organisationen des Nervensystems, des Verdauungssystems, des Skelettsystems etc. herausbilden (MOORE[5]).

Auch im Bereich des Körperlichen gibt es die Regression ins Chaos, dann nämlich, wenn die Zellen »entarten« und z. B. beim Krebs planlos wuchern.

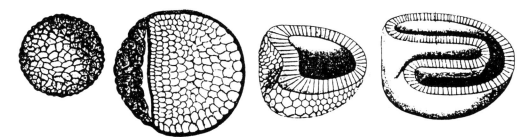

Differenzierung in der *Embryologie:*
Aus dem Zellhaufen (Blastula) bilden sich die Keimblätter heraus.

Unterschiedliche Zugänge

Der Prozeß der Differenzierung wird im Mythos (und Märchen) meist symbolisch, in der Ich-Psychologie und der Embryologie eher phänomenologisch beschreibend und begrifflich ausgedrückt.

Und wo stehen wir, wenn wir uns mit dem Ich im gemalten Bild beschäftigen?

Wir stehen überhaupt nicht.

Sondern wir bewegen uns geistig auf allen uns zur Verfügung stehenden Ebenen.

B) Mythologische Sprachbilder

Die deutsche Sprache ist ein Schatz.
Gängige Redewendungen erinnern an Uraltes, z. B. an die Mythen. Und Mythen haben stets etwas mit dem Schicksal des Ichs zu tun (FROMM[6]).

Labyrinth

Labyrinthe z. B. sind Gänge, aus denen der Mensch nicht herausfindet. Aus der Mythologie kennen wir z. B. das Labyrinth von Knossos (Kreta), in dem der Minotaurus gefangen war und seine Menschenopfer forderte.
Läßt sich das Ich, z. B. im psychotherapeutischen Prozeß, auf die Bilderwelt des *Unbewußten* (das Chaos) ein, so gerät es ebenfalls leicht in ein Labyrinth, d. h. in einen Bereich, aus dem es nicht ohne weiteres zurückfindet (NEUMANN[7]).

Faden der Ariadne

Den Weg heraus findet der, der den Faden der Ariadne zur Verfügung hat. Theseus, der Held war es, der als erster freiwillig in das Dunkel des Labyrinths von Knossos eindringen wollte. Empfangen wurde er von Ariadne, der »überaus Reinen«, der »überaus Klaren«. Dem athenischen Jüngling zuliebe verriet sie den Minotaurus und übergab ihm das einfache Geschenk, welches ihm die Sicherheit der Rückkehr aus dem Labyrinth gewähren sollte: Sie war mit Spinnen beschäftigt und gab dem Jüngling eine Spindel mit dem Garn in die Hand. Oder war es ein Knäuel? Er sollte, so wurde der Heros von dem klugen Mädchen belehrt, das Ende des Fadens an der Tür des Labyrinths hoch oben befestigen und ihn nicht aus der Hand lassen.
Im innersten Winkel des Labyrinths schläft der Minotaurus. Theseus ergreift ihn am Stirnhaar und ersticht ihn.
Mit Hilfe des Fadens findet er aus dem Labyrinth zurück.
Wenn das Ich hinabsteigt ins Labyrinth, ins Unbekannte, Unaussprechliche der Bilderwelt, darf es auch den Faden nicht verlieren, der es mit der Realität verbindet. Oft ist es der *Psychotherapeut,* der den von Traumbildern »gefangenen« Patienten,

dessen Ich regrediert ist in das Labyrinth der Nacht, des Unbewußten, der den Faden in die Hand gibt, an dem der Patient sich wieder ins Reich des Überschaubaren, Geordneten, Realen zurückfädeln, also im therapeutischen Prozeß orientieren kann (vgl. Bild Seite 155).

Das Labyrinth des Minotaurus, auf einer kretischen Münze aus dem Jahre 67 v. Chr.

Tantalusqualen

Tantalos, der oft bei den Göttern des Olymp zu Gast gewesen war, hatte seine Zunge nicht gehütet, sondern den Sterblichen die Geheimnisse der Unsterblichen weitererzählt. Er hatte die Götterspeisen Ambrosia und Nektar bei den Göttern gestohlen und sie den Sterblichen zum Kosten gegeben. Um die Allwissenheit der olympischen Götter auf die Probe zu stellen, schlachtete er seinen eigenen Sohn und tischte ihn den Göttern auf. Würden sie wissen, was sie aßen?
Tantalos' größte Schuld ist die *Anmaßung.*
Seine Strafe: Daß er an Händen und Füßen angebunden von einem Fels herunterhängen muß, zwischen Himmel und Erde schwebend. »Luftwanderer«. Keinen Boden unter den Füßen und einen sich jeden Moment lösenden Stein oder die glühende Sonne über dem Haupt.
Eine ähnliche Strafe wurde dem Prometheus zuteil, der sich anmaßte, den Göttern das Feuer zu stehlen, allerdings zu dem guten Zweck, es den Menschen zu bringen.
Verläßt ein Mensch den ihm zustehenden Platz im System, mischt er sich z. B. in die Belange der »Nächsthöheren«, d. h. der früher Geborenen, z. B. der Eltern ein, so wird

dies vom Familiensystem ebenfalls als Anmaßung erlebt und führt zu einer Schwächung (»Bestrafung«) des Ichs (WEBER[8]). Zwischen Himmel und Erde schwebend, nicht mehr zu seiner Generation, aber auch nicht zur Generation der Nächsthöheren gehörend, ohne Boden unter den Füßen und das »Sippengewissen« wie eine glühende Sonne über sich, erlebt er die extreme Bedrohung des Ichs, das seinen natürlichen Platz in der Hierarchie aufs Spiel gesetzt hat.

Prometheus, der zur Strafe an einen Felsen gekettet und von einem Adler gemartert wurde (Gefäß aus dem 6. Jahrhundert v. Chr.).

Die deutsche Sprache kennt viele weitere Redewendungen, in denen sich die mythischen Symbole wiederfinden. Und stets bestehen gewisse Zusammenhänge mit den Ich-Funktionen der Seele.

Sphinxrätsel

Sogenannte Sphinxrätsel z. B. sind Rätsel, zu deren Lösung das Ich seine *Grenze sprengen* muß, um zu dem ganz Einfachen oder dem ganz Umfassenden der Lösung zu gelangen.

Ödipus vor der Sphinx, Schale, ca. 490 v. Chr.

Sisyphusarbeit

Sisyphos wurde bestraft, weil er den Todesgott Thanatos überlisten wollte. Seine Strafe im Hades: Er mußte einen mächtigen Marmorblock eine steile Anhöhe hinaufwälzen. War er ermattet und schweißgebadet fast oben, entglitt der Fels jedesmal seinen Händen und stürzte in das tiefe Dunkel hinab.
Diese Strafe erinnert nicht nur an gewisse Arbeiten, die kein Ende nehmen. Diese Strafe erinnert auch an jene *zwanghaften Rituale,* die das Ich »erfindet«, z. B. um die Angst vor dem Tod abzuwehren. Sinn-los, ohne Erfolg, oft lebenslänglich.

Unterschiedliche Sicht-Weisen
Mythen werden auf unterschiedliche Weise interpretiert. Jedes Auge sieht anders. Jede Sichtweise hat ihre Berechtigung. Und so möchte ich schon am Anfang dieses Buches der Weite Raum geben.
Albert CAMUS[9] z. B. sieht die fürchterliche Strafe der unnützen und aussichtslosen Arbeit auch als Segen: Die Stunde nämlich, in der Sisyphos den Gipfel verläßt und zu seinem Stein zurückkehrt, ist die Stunde des Bewußtseins und der Akzeptanz.
Eines ist gewiß: Seine Last findet man immer wieder.
So betrachtet enthebt der Mythos das Ich seiner individuellen Begrenztheit und stellt es in übergeordnete geistige Zusammenhänge.

Sisyphos in der Unterwelt. Vasenbild / 6. Jh. v. Chr.

Zerberus

Kerberos, der Hund des Hades, der am Ufer des Sumpfgebietes über die Unterwelt wachte, der »Aufpasser«, wußte genau, welche der Ankommenden er in der Unterwelt behalten wollte und welche nicht. Wehe, sie wollten zurückkehren. Dann fraß er sie auf.

Ein »Zerberus« in unserem Sprachgebrauch ist der bissige Hauswart, der alles kontrolliert, was ein- und ausgeht; der »Hüter der Schwelle«; das »Ungeheuer«, oft weiblichen Geschlechts, das im Vorzimmer des Chefs die Ein- und Ausgänge überwacht und nicht nur zum Empfang, sondern auch zum Abschrecken angestellt wird.

Einen solchen Zerberus hat jeder von uns auch in sich selbst: An der Pforte zum Unbewußten wacht der innere Aufpasser, eine Instanz des Ichs, der *Abwehr-Mechanismus*. Er wacht darüber, daß aus dem dunklen Reich des Unbewußten keine ungebetenen Gäste ins Licht des Bewußtseins zurückkehren.

Herakles fängt Kerberos, Amphore, 510 v. Chr.

Achillesferse

Nach der griechischen Sage tauchte die Meeresgöttin Thetis ihren Sohn Achilleus, um ihn unverletzbar zu machen, in das Wasser des Styx; nur die Ferse, an der sie ihn hielt, blieb unbenetzt und daher verwundbar.

Gegen Ende des Trojanischen Krieges, als er in seiner Rachelust die Tore der Stadt aus den Angeln heben will, trifft ihn der Pfeil des in einer Wolke verborgenen Apollon in der rechten Ferse. Stöhnend, von Schmerz übermannt, stürzt er wie ein unterhöhlter Turm zu Boden.

In unserem Sprachgebrauch ist die »Achillesferse« der Schwachpunkt, die verwundbare Stelle, der *Komplex,* das sensible Thema, wo der Mensch nicht belastbar ist, wo ihn ein einziger gutgezielter Pfeil psychisch zusammenbrechen läßt wie einen unterhöhlten Turm.

Die Dynamik eines solchen Zusammenbruchs ist aus dem spontanen Bild einer Frau (32) ablesbar.

Ikarusflüge

Von Ikarusflügen sprechen wir, wenn ein Mensch, so wie Ikarus mit seinen selbstgebauten Flügeln, zu hoch hinaus will und dabei in die Tiefe stürzt.
Wenn das omnipotente Ich des kleinen Kindes sich nicht an der Realität »abwetzt«, wenn es kein gesundes Selbst-Bewußtsein hat und Minderwertigkeitsgefühle mit *Größenideen* kompensieren muß, dann kommt es zum Scheitern, zum Sturz, oft in die Krankheit, die den Menschen zwingt, sein Ikarus-Skript zu revidieren.

Der Aufbau des inneren Helden

Größen- und Allmachtsphantasien haben die Affinität, sich an eine hervorragende Person, einen »Helden« aus der Literatur oder der Familie »anzuhängen«.
Bei dem jungen Mann (26), der dieses Bild gemalt hat, war der »Held«, mit dem er sich identifizierte, der erste Mann der Mutter: ein großer blonder Soldat mit hohen Auszeichnungen, im Krieg gefallen.

Narzißtisches Universum

Im Gegensatz zu der mythischen Heldenfigur des Ikarus, der den Höhen-Flug real wagt, bleibt der Maler des Bildes in seinem »narzißtischen Universum« (GRUNBERGER[10]) hängen, in dem er sich beliebig auf- und abseilen kann, von dem aus er aber nur schwer Zugang zu anderen Menschen bekommt. Innerhalb des narzißtischen Universums, das seinen Namen trägt (hier wegretouchiert), bewegt sich der Maler auf drei exponierten Etagen:
Aus der untersten Etage *(Minderwertigkeitsgefühl)* zieht er sich am Seil nach oben, jeden Augenblick in Gefahr, (psychisch) abzustürzen.
Auf der obersten Etage *(Größenidee)* ist er über die Mittellage weit erhoben und erhaben. Abspringen wäre gefährlich, das Ende ähnlich wie bei Ikarus: am Boden zerschellt, zerstört.
Auch auf der mittleren (Bild-)Etage *(Realebene, Kommunikationsebene)* balancieren die kleinen Wesen auf bewegtem (Ab-)Grund.

Boden unter den Füßen

Mehrere Jahre nach dem Malen dieses Bildes fand der Maler in der Akzeptanz einer ganz alltäglichen (!) Verantwortung, auch für seine junge Familie, einen gesunden Bezug zur Realität, d. h. festeren Boden unter den Füßen.

C) Der Heldenmythos und seine Beziehung zum Ich-Bewußtsein im Individuationsprozeß bei C. G. Jung

Der Heldenmythos ist der bekannteste und auf der Welt am weitesten verbreitete Mythos. Die universellen Muster der Heldenmythen sind einander sehr ähnlich, ob sie bei den afrikanischen Negerstämmen, den Griechen oder peruanischen Inkas vorkommen (HENDERSON[11]).

Wunderbare Geburt
In den Geschichten wird die wunderbare, wenn auch oft armselige Geburt des Helden beschrieben.

Göttergleiche Schutzgestalten als Repräsentanten des Selbsts
Die anfängliche Schwäche des Helden wird meist ausgeglichen durch das Auftreten von starken Schutzgestalten oder Wächtern. In diesen göttergleichen Schutzgestalten sehen wir symbolische Vertreter der gesamten Psyche, der umfänglicheren Identität *(Selbst)*, die die Kraft liefert, welche dem persönlichen Ego *(Ich)* noch fehlt.

Entwicklung des Ich-Bewußtseins
Auf der ersten Stufe in der Entwicklung des Heldenmythos handelt der Held instinktiv, hemmungslos, oft kindisch. Diese Periode entspricht dem frühesten und am wenigsten entwickelten Lebensabschnitt. Der Held hat die Mentalität eines Kindes, ist oft grausam, gefühllos (*Trickster*-Periode, JUNG[12]).
Auf der zweiten Stufe werden die infantilen Impulse korrigiert, und der Held besteht gewisse Prüfungen, bezwingt Riesen und Ungeheuer. In dieser Phase werden die Schutzgötter besonders benötigt. Der Held wird zum Begründer menschlicher Kultur.
Auf der dritten Stufe ist der Held ein mächtiger Gottmensch.
Schließlich erkrankt der Held am Mißbrauch seiner Macht. Er überschreitet seine Grenze, und es ist Zeit, seinem Lauf durch den Tod ein Ende zu setzen.
Dem symbolischen Tod des Helden entspricht im Leben die Erreichung der Reife.

Ich-Bewußtsein als Teilfunktion der gesamten Psyche
Der Heldenmythos unterscheidet also sehr deutlich zwischen der Entwicklung der individuellen *Ich*-Bewußtheit als Teilfunktion der Psyche und der umfassenderen Identität *(Selbst)*, die durch die göttergleichen Begleiter repräsentiert sind. C. G. JUNGs[13] Entwicklung des Ich-Bewußtseins im Individuationsprozeß ist an diesem Modell orientiert (siehe das Diagramm auf Seite 15).

Der weise Kentauer Cheiron erteilt dem jugendlichen Achilleus Ratschläge

D) Der Ödipusmythos und seine Beziehung zu Sigmund Freuds Strukturmodell der Psyche

Die Sage von König Ödipus

Im »König Ödipus« von Sophokles erfahren wir von einem Orakel, das König Laios von Theben und seiner Gemahlin Jokaste großes Unheil verkündet: Wenn ihnen ein Sohn geboren würde, werde dieser seinen Vater töten und die eigene Mutter heiraten. Bei der Geburt ihres Sohnes Ödipus beschließt Jokaste, dem vom Orakel vorausgesagten Schicksal dadurch zu entrinnen, daß sie das Kind tötet. Der Hirte, der das Kind aussetzen soll, hat jedoch Mitleid und übergibt es einem Mann, der in den Diensten des Königs von Korinth steht; jener nimmt das Kind an Sohnes statt an.

Ödipus entrinnt nicht dem vom Orakel vorausgesagten Schicksal. Ohne es zu wissen und ohne ihn zu kennen, tötet er im Streit seinen Vater Laios. Und ohne es zu wissen, wird er der Ehemann seiner Mutter.

Unbewußt verstrickt

Der Held ist also, wie das Kind ohne Wissen, eingesponnen in das lange Zeit »unbewußte« Begehren der eigenen Mutter und in die (ebenso unbewußte) Rivalität mit seinem Vater (FROMM[14]).

Ödipuskomplex als Eckpfeiler von FREUDs[15] psychologischem System

Der Ödipusmythos ist das hervorragende Beispiel für Freuds Methode der Mytheninterpretation. Er war der Überzeugung, daß der Ödipuskomplex der entscheidende Mechanismus in der Entwicklung des Kindes und der »Kern der Neurose« sei.

Freuds Strukturmodell der Psyche:
Ich, Es und Über-Ich

FREUDs[16] Struktur-Modell der Psyche, die er in *Ich*, *Es* und *Über-Ich* einteilt, läßt sich aus diesem im Mythos thematisierten »ödipalen« Konflikt ableiten: Das *Ich*, hin- und hergerissen zwischen dem *Es* (den Trieben und dem Begehren) einerseits, und dem *Über-Ich* (dem Gewissen, der Zensur) andererseits.

Psychodynamik im Bild

Das spontane Bild einer Frau (42) gibt uns einen ersten Einblick in das Spiel und den Kampf dieser von FREUD beschriebenen drei Instanzen. Die Malerin übernachtete während eines auswärtigen Seminars bei ihrem Vater in dessen Appartement. Die Nähe weckte Erinnerungen an früher, wo er sich ihre Freundinnen als Geliebte auserkor und auch bei ihr, der Tochter, inzestuöse Wünsche weckte.

Das Bild zeigt die Malerin (das Ich) liegend (oft sexuelle Thematik), rot (emotional erregt), dem Vater (links – Vergangenheitsbezug) zugewandt. Vor ihr auf dem Kopfkissen liegt ein aufgeklapptes Buch, dessen seltsame Form (vulvaartig) auffällt. Der Vater sitzt unbekleidet auf dem Sessel. Seine Genitalgegend ist von einem Buch verdeckt und dadurch betont. Die überkreuzten Beine halten die tabuisierte Körperregion verdeckt.

Außer den beiden Büchern (Vater und Tochter haben ähnliche intellektuelle Interessen) setzt die Malerin als Barriere zwischen sich und den Vater eine phallisch geformte Lampe (auch ein Symbol für Bewußtheit), einen Bettkasten (weibl. Symbol) und einen schwarzen Strich quer übers Blatt. Dieser schwarze Strich symbolisiert die entschiedene Abwehr der verfänglichen *ödipalen Phantasien*.

Unversehens sind wir mit diesem Bild mitten in die Thematik dieses Buches hineingeraten. Das Ich im Bild. Bevor wir uns jedoch ausführlich der Analyse von Ich-Positionen im Bild zuwenden, sollen noch einige vorbereitende Fragen geklärt werden.

Begriffs-Verwirrung

In dem bisherigen Text ist außer dem Begriff des *Ich*s auch der Begriff des *Selbst* aufgetaucht. Die Klassiker der Psychologie und Psychoanalyse haben diese Begriffe, *Ich* und *Selbst,* unterschiedlich verwendet. Im folgenden Schaubild (BUXBAUM[17]) sind die psychologischen Modelle und entsprechenden Begriffe vereinfacht gegenübergestellt.

In diesem Buch wird der Begriff des Selbsts im allgemeinen im Sinne der Psychologie von C. G. JUNG verwendet. Das Selbst im Sinne von KOHUT wird als solches gekennzeichnet.

Das Ich und das Selbst

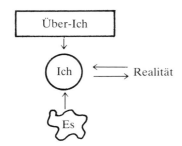

1. **Ich** (FREUD):
   Instanz im Strukturmodell, die zwischen Es und Über-Ich (und den Anforderungen der Realität) vermittelt.

   Ich als Gegensatz von: Es, Über-Ich

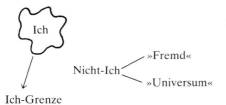

2. **Ich** (HARTMANN, frühe Ich-Psychologie)
   im üblichen Sprachgebrauch:
   »Eigene« Vitaltität, Aktivität, »Autonomie«
   im »konfliktfreien« Bereich.
   Selbstbild, »zu mir gehörig«.

   Gegensatz: Nicht-Ich

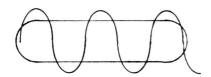

3. **Selbst** (KOHUT):
   »Narzißtisches« System der »Selbstwert-regulation«
   »Urvertrauen«

   Gegensatz: Psychosexuelles System,
   Triebsystem

4. **Selbst** (C. G. JUNG):
   Das »wahre« Ich
   transzendente Konotation
   Ziel der Individuation
   (Anima und Schatten integriert)

   Gegensatz: »Persona«

II. Was ist das Ich?

Das Ich als Organisationsprozeß
Das Ich ist ein Konstrukt. In Übereinkunft mit der übrigen Fachwelt werden gewisse
seelische Phänomene diesem Konstrukt zugeordnet. Das Ich hat weder Gestalt noch
Ort, nur Funktion. Das Ich organisiert. Alle Ich-Funktionen zeichnen sich dadurch aus,
daß sie nach Organisation verlangen: Die Triebe, die Affekte, die Interessen, die
Selbstbilder, die Objektbilder sind ebenso einzubeziehen wie Außenwelt-Erfahrungen,
denn sie alle müssen organisiert werden, um mit dem Fortschreiten der Entwicklung
zu angemessener innerer Repräsentanz zu kommen. Daraus folgt, daß das Ich ein
Organisationsprozeß ist (BLANK[18]).

Das Ich macht Geschichte
RAPAPORT[19] hat die psychoanalytische Theoriebildung nach historischen Gesichts-
punkten in vier Abschnitte unterteilt.

A) Präpsychoanalytische Periode

In der ersten, präpsychoanalytischen Periode war der Begriff des »Ich« unscharf gefaßt.
Die Bedeutung der Begriffe wandelte sich rasch. Als zentrales theoretisches Modell
dieser Phase kann FREUDs »topographisches Modell« aufgefaßt werden: Als *bewußt*
werden in diesem Konzept die jederzeit verfügbaren Gedanken und Erlebnisinhalte
aufgefaßt; als *vorbewußt* diejenigen, die durch Hinwendung der Aufmerksamkeit
bewußt gemacht werden können; wohingegen die Inhalte des *Unbewußten* als nicht bzw.
nur unter bestimmten Bedingungen zugänglich angesehen werden. Als eine dieser
»bestimmten Bedingungen« haben wir das spontane Malen von Bildern anzusehen.

B) Periode der Triebtheorie

Die zweite Phase wurde von RAPAPORT als Periode der Triebtheorie bezeichnet. Für den *Sexualtrieb* und den *Aggressionstrieb* – explizit aber den Sexualtrieb – wurde eine fortschreitende Entwicklung aufgezeigt. Richtet sich das Lustempfinden zu Beginn des Lebens ganz auf die Reizung der Mundhöhle *(»orale Phase«),* so zentriert es sich ab dem 18. Monat auf die Ausscheidungsfunktion *(»anale Phase«).* In der darauf folgenden *»phallischen Phase«* wird das Primat der Genitalorgane erreicht. Nach der Zwei-Personen-Beziehung der oralen und der analen Phase (Mutter und Kind) postulierte FREUD hier nun die Drei-Personen-Beziehung, Vater – Mutter – Kind, die im Hinblick auf ihren speziellen Beziehungsaspekt (partielle Trennung von der Mutter, Rivalität mit dem Vater etc.) *»ödipale Phase«* (bzw. Ödipuskomplex) genannt wird. In der *»Latenzphase«* folgt ein relativer Stillstand der psychosexuellen Entwicklung, die mit Beginn der Pubertät in die erwachsene *genitale Phase* einmündet.

Reaktualisierung der psychosexuellen Entwicklungsstufen
Im Verlauf von psychotherapeutischen Prozessen werden die hier beschriebenen Phasen oft reaktualisiert. Der Patient überträgt z. B. frühkindliche Einstellungen auf seine aktuelle Beziehung zum Therapeuten. In den gemalten Bildern erscheinen orale, oral-sadistische, anale oder genitale Symbole, die probeweise gedeutet werden können. Selbst wenn solche Deutungen zutreffend sind, widersetzt sich der Patient häufig der Annahme gerade dieser Deutungen, weil oft peinliche, beschämende, ängstigende Erinnerungen geweckt werden *(Widerstand).*

Die psychosexuelle Regression im Bild
Die psychosexuelle Regression ist in spontan gemalten Bildern oft daran zu erkennen, daß die entsprechenden (oralen, oral-sadistischen, analen, phallischen) Symbole in gewisser Weise de-plaziert sind. Die »Ungereimtheit«, Übertriebenheit sowie die Abgerissenheit vom Kontext des Bildes können ein Hinweis sein:

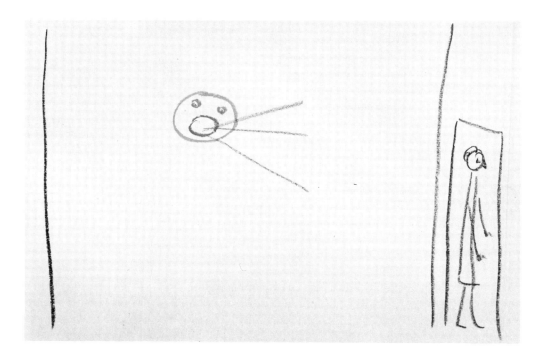

Regression auf die *frühe orale (Saug- und Schluck-)Stufe*
Symbol: zahnloser, aufgerissener Mund / Hunger / Verschlungen werden / Verschlingen.
Frustrationen auf dieser Stufe führen zu Fixierungen, d. h., bei späteren analogen Belastungen
fällt der Mensch auf das frühere Muster und die dazugehörigen Lebensthemen zurück:
Essen / Gegessen werden
Verschlingen / Verschlungen werden
Einverleiben des Objekts / Einverleibt werden
Die orale Phase wird also, wie auch die nächstfolgenden, nicht eng psychosexuell, sondern auf
die Objektbeziehung erweitert gesehen (KLEIN[20]).

Regression auf die *oral-sadistische Stufe* (ABRAHAM[21])
Symbol: „Gefletschte Zähne."
Lebensthema auf dieser Stufe: Triebambivalenz:
Die Libido (»Aufessen«) und die Aggressivität (Beißen, Zerstören) sind auf das gleiche Objekt gerichtet.
Damit einhergehend findet sich die Phantasie, von der Mutter aufgegessen und zerstört zu werden.

Regression auf die *anale (analsadistische) Stufe*
Symbol: Klosett / Faeces / der Hintern / Seele als Abort (Bild oben)
Lebensthema auf dieser Stufe:
Geben (Entleeren) und Verweigern (Zurückhalten).
Zeigen sich im Bild Symbole von psychosexueller Regression auf diese Stufe, so sind beim Maler oft Züge der »analen Trias« (FREUD) zu finden: Trotz (Eigensinn), Ordnung und Sparsamkeit.

Regression auf die *phallische Phase*
Symbol: Phallus.
Das Kind, Knabe oder Mädchen, kennt auf dieser Stufe nur ein einziges genitales Organ, das
männliche. Der Gegensatz der Geschlechter ist gleich dem Gegensatz von phallisch und
»kastriert«.

Bei Regression oder Fixierung auf dieser Stufe wird die phallische Thematik entsprechend dominant und obsessiv erlebt.

Regression auf die Latenzperiode
Gelegentlich kommt es auch zur Regression auf die Latenzperiode, z. B. nach tiefen
Enttäuschungen in sexuellen Beziehungen.

Scheintot
Im Bild erscheint eine solche Regression oft symbolisch in Gestalt von scheintoten
Märchenheldinnen: Schneewittchen im gläsernen Sarg oder Dornröschen hinter der
Dornenhecke.

C) Strukturtheorie: Es / Ich / Über-Ich

In der dritten Phase der Theorieentwicklung legte FREUD[22] seine »Strukturtheorie« vor, worin er die Konstrukte Es, Ich und Über-Ich unterschied.

Das *Ich* rückte in den Mittelpunkt des Interesses, es wurde funktionell gesehen, und zwar als Vermittler zwischen dem *Es,* dem *Über-Ich* (Forderungen des Gewissens, eigene Idealvorstellungen) sowie den Anforderungen der *Realität.* Es handelt sich bei diesen Begriffen um Konstrukte, um Modellvorstellungen. Es gibt nicht das Ich, Es und Über-Ich, es gibt lediglich psychische Phänomene, die übereinkunftsgemäß diesen Begriffen zugeordnet werden. Und es gibt spontane Bilder, in denen sich eben diese Phänomene ausdrücken, die dann wiederum den begrifflichen Modellen zugeordnet werden können.

Mit Hilfe des Strukturmodells konnte nun ein intrapsychischer Konflikt als Resultat nicht nur von Kraft und Gegenkraft, sondern als Resultat einer Spannung zwischen dem Es, dem Ich und dem Über-Ich beschrieben werden. Das Ergebnis dieser Spannung: Der Abwehrmechanismus.

Abwehrmechanismen
ANNA FREUD[23] gab 1936 eine erste umfassende Darstellung dieser Abwehrmechanismen. Die Abwehr gegen Angst-, Scham-, Schuldgefühle etc. geschieht als unbewußte Tätigkeit des Ich. Da die Abwehrmechanismen oft eine lebensrettende Funktion haben, werden sie auch als *Schutz-* oder *Bewältigungsmechanismen* bezeichnet.

Kompromiß
Um die Abwehrmechanismen aus dem Begrifflichen heraus- und ins unmittelbare Erleben hereinzuholen, ließ ich in einem Seminar von jeweils drei Teilnehmern Ich, Es und Über-Ich mit verschiedenfarbigem Ton sich auseinandersetzen. Jeder projezierte dabei šeine eigene psychische Dynamik und wollte sie durchsetzen. Was dabei herauskam, waren völlig unterschiedliche Gestaltungen, die die Spuren des vorausgegangenen »Kampfes« zeigten und an denen die unterschiedliche Verteilung der »Gewichte« (Tonformen und -farben) beim *Kompromiß* ablesbar waren.

D) Ich-Psychologie

Als vierte Phase der Theoriebildung bezeichnet RAPAPORT die Ich-Psychologie. Das Interesse der Psychoanalyse richtet sich immer mehr auf das »Ich« als die zentrale steuernde Instanz. Diese Phase der Theorie begann 1937, als HARTMANN eine Reihe von Vorträgen in der Wiener Psychoanalytischen Gesellschaft hielt. Die eigentliche theoretische Weiterentwicklung, die sogenannte Ich-Psychologie, fand erst nach FREUDs Tod statt.

Ich-/Nicht-Ich-Grenze
HARTMANN[24] richtete sein Augenmerk u. a. auf die Ich-/Nicht-Ich-Grenze.
Das spontane Bild einer Frau (34) zeigt, wie Abgrenzungsprobleme erlebt werden: »Ich gehöre mir nicht mehr richtig . . . ich habe das Gefühl, auszulaufen . . . ich habe das Gefühl, die Energie von meiner Nachbarin kriecht in mich rein . . . durch mich durch . . . und wieder raus . . .« (vgl. auch das Bild S. 66).

Die wesentlich von HARTMANN in Gang gesetzte Ich-Psychologie hatte zwei
theoretische Konzepte aufzuweisen, die in unserem Zusammenhang bedeutsam sind:

Ich-Kerne

GLOVER[25] nahm an, daß das Ich aus zunächst unabhängigen primitiven Ich-Kernen
bestünde, d. h. Erfahrungsinseln, die erst im Laufe der psychischen Entwicklung
integriert werden. Unter psychischer Belastung kann es später zu einer *Aufsplitterung*
des »Funktionssystems Ich« kommen, wobei einzelne Fähigkeiten recht gut erhalten
bleiben, andere wiederum stark regredieren. Diese Beobachtung unterschiedlicher
Entwicklungsstufen innerhalb der Ich-Strukturen führte zu der Annahme eines
»kreativen Subsystems im Ich«, das Probleme der Gesamtpersönlichkeit übernehmen
und z. B. auf einer künstlerischen Ebene bearbeiten kann, wobei gleichzeitig andere
Lebensbereiche auf der Strecke bleiben.

Ich-Inseln in Kinderzeichnungen
Zeichnungen von Kindern unter vier Jahren zeigen oft sehr eindrucksvoll inselhafte
Elemente, die in sich durchaus strukturiert sind, zum Beispiel die Fenster auf den
nebenstehenden Bildern eines 3½jährigen Mädchens. Die Fensterkreuze sind frühe
vorfigurative Symbole: Urkreuze (s. Seite 55). Sie haben mit der Strukturierung des
Ichs in der Psyche zu tun.
Auf den ersten Blick scheinen diese inselhaften Elemente planlos im Bild herumzu-
schwimmen. Lassen wir uns als Betrachter tiefer auf diese Kinderzeichnungen ein, so
spüren wir eine *zentrierende* und auf eine *Basis* hin orientierte Dynamik, durch die sich
die schwimmenden Inseln leise orten.

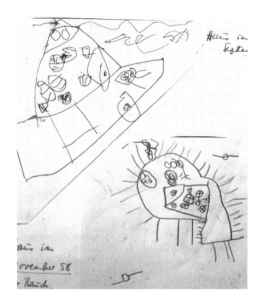

Regression im Dienste des Ichs

KRIS[26] griff den Gedankengang FREUDs von der »Lockerheit der Verdrängung beim Künstler« auf und entwickelte seine Vorstellung von der »Regression im Dienste des Ichs«. Während in der Psychoanalyse die Regression ursprünglich als ein Abwehrvorgang mit entsprechender Schwächung des Ichs angesehen wurde, betonte KRIS nun die positiven Möglichkeiten der Regression im Sinne der Flexibilität des Ichs z. B. beim kreativen Prozeß. Gemeint ist die Fähigkeit jedes Malenden, sich vorübergehend unbewußten Prozessen zu überlassen, ohne von diesen überwältigt zu werden.

Regression im Dienste des Ichs im Bild
Auf diesen Bildern von unterschiedlichen Malern tauchen häufig wiederkehrende Symbole dieses Zustandes auf:
liegende Person, wohlig gebettet, vertrauensvoll, allein, versunken, meditativ, in Kontakt mit der Erde und mit sich selbst
schwimmende Person, dem Element hingegeben, aufgehoben, in Berührung mit Wassertieren, freundliche, helle Farben, weiche Formen, Auflösung in Rhythmus, Welle, »Wärme« . . .

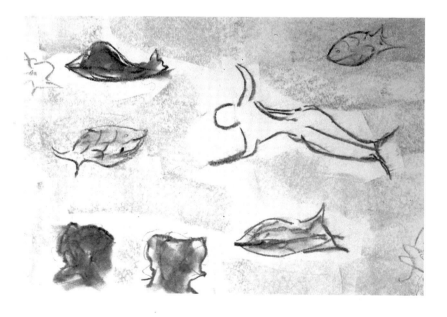

III. Ur-Entsprechung: Körper-Organisation /
Ich-Organisation

Anatomische, physiologische und symbolische Entsprechungen

Analogien zwischen Ich-Organisation und Körper-Organisation
Alles, was das Ich ausmacht, die Organisation der psychischen Funktionen, die Abwehr, die Umsetzung von Erfahrungen, der innere Halt, stabilisierende, steuernde Elemente – alle diese Prinzipien haben ihren Ur-Grund und damit ihre Analogie im Körpergeschehen, und zwar sowohl anatomisch-physiologisch als auch symbolisch:

Die »sieben Sinne«	– das wahrnehmende Ich
Der aufrechte Gang	– das »geerdete« Ich
	das geistig (intellektuell) orientierte Ich
Die Wirbelsäule	– das Ich, das hält und trägt
Die Beine	– das mobile Ich
Die Hände	– das handelnde Ich
Das Genitale	– das geschlechtlich identifizierte Ich
Herz- und Blutkreislauf	– das Gefühle in Fluß haltende und dosierende Ich
Das Verdauungssystem	– das verarbeitende und transformierende Ich
Das Immunsystem	– die Abwehrmechanismen des Ichs
Das Gehirn	– das reflektierende, bewußte Ich
Der Solarplexus	– das (sich) zentrierende Ich
Der Körper im Kontakt nach außen	– das objektbezogene (soziale) Ich

Körper als Lehrmeister
Wenn wir die psychischen Phänomene, die das Ich ausmachen, mit- und nacherleben wollen, dann ist also unser bester Lehrmeister unser eigener Körper: Dieser hoch differenzierte Organisator, der alle Funktionen aufeinander abstimmt und uns ermöglicht, zu (über-)leben.

Der Körper ist auch ein Meister des symbolischen Ausdrucks: Denken wir nur an die kleinen alltäglichen »Symptome«, die alle etwas ausdrücken; an den symbolischen Hintergrund der schweren psychosomatischen Erkrankungen (DOLTO[27]).

Das Symbol der Achse
Die Entsprechung von *Körper*-Organisation und *Ich*-Organisation läßt sich aus spontan gemalten Bildern ablesen. Ein häufiges Symbol, nämlich das Symbol der *Achse,* soll diese Analogie veranschaulichen.
Bei der Betrachtung und Interpretation der Bilder sind sowohl die *physischen* als auch die *seelischen* und *geistigen* Aspekte dieses Symbols zu berücksichtigen.

Eine 14jährige malt ihren Ablösungskonflikt.
Das *Rückgrat* des Mädchens in der Pubertät wird (noch) von den Eltern gebildet. Die Eltern bieten den Halt, den das Mädchen in sich selbst noch nicht gefunden hat.

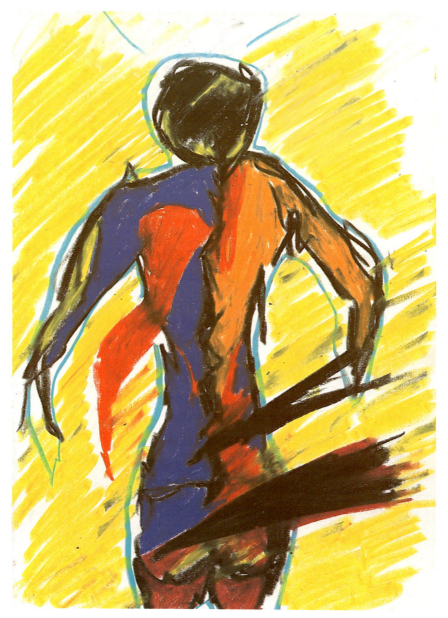

Eine Frau malt ihre Schmerzen und Beschwerden im Bereich der *Wirbelsäule*: Die Körper- (und Ich-)Achse wird »beschossen« von äußeren und inneren (Über-)Forderungen.

Die gleiche Frau in guter seelischer Verfassung: In ihrem Bild taucht ein Symbol auf, das der *Ich-Selbst-Achse* (s. S. 15) zugeordnet werden könnte.

IV. Ich-Entwicklungsphasen und die vorfigurativen Symbole der Kinderzeichnung

Im Jahr 1975 hat M. MAHLER[28] unter dem Titel: »Die psychische Geburt des Menschen« ein grundlegendes Werk über die Stufen der Loslösung und Individuation des kleinen Kindes veröffentlicht. Parallel dazu entdeckten Leiter von Malateliers, in denen Kinder spontan malen durften, daß gewisse Ausdrucksspuren, die in Kinderbildern regelmäßig zu beobachten waren, offenbar einen Zusammenhang mit gewissen Ich-Entwicklungsphasen hatten (EGGER[29]).

Anschauliches Lernen
HELEN BACHMANN[30] brachte nun diese vorfigurativen Symbole der Kinderzeichnung in Beziehung zu den von M. Mahler beschriebenen Stufen der Individuation. Jeder, der sich mit der Entwicklung des Ichs beschäftigt, findet hier, in Ergänzung zu der oft schwer verständlichen Fachliteratur, anschauliche, gut nachvollziehbare symbolische Modelle, Ausdrucksformen des sich heranbildenden Ichs, die es dem Betrachter erleichtern, die Phasen und Subphasen der Ich-Entwicklung nachzuempfinden.

A) Urformen, die mit Abgrenzung zu tun haben

Kritzeln
Kritzeln heißt: Endloses Kreisen einer Linie, spiraliges Drehen ohne den Stift abzusetzen. Kritzeln heißt: Mit dem Stift hin und her schwingen, endlos ineinander, übereinander, Kritzeln ist sich schlängeln, schlingern. Nacherlebte Bewegungen aus der Zeit, wo das Kind im Mutterleib sich drehte und ihren Bewegungen sich anpaßte. Das Kritzeln als Ausdruck von symbiotischem Einssein.

Wir bemerken beim kritzelnden Kind eine allmähliche Verdichtungstendenz, eine Tendenz zur Darstellung von Knäueln (Kritzelknäuel). Es ist, als beginne das Kind eine Art eigenes Zentrum auszubilden.
Symbiotische Phase (MAHLER).

Spirale
Die Spirale läßt uns nachfühlen, wie das kleine Kind auf dem Arm der Mutter sich probeweise etwas aus der Symbiose entfernt, neugierig umschaut, umbiegt, wegdrehen will – Spiralbewegung nach außen – um doch gleich wieder in Mutters nächste Nähe zurückzukehren, sich anzuschmiegen, anzulehnen – Spiralbewegung nach innen.
Frühe Übungsphase (MAHLER).

Kreis
Der Kreis symbolisiert eine erste Abgrenzung. Der Kreis hat ein Innen und Außen.
Das Kind unterscheidet Ich und Nicht-Ich.
Abgrenzung (MAHLER).

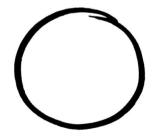

Kritzelknäuel   Spirale   Kreis

B) Symbole für Differenzierung der Innenwelt (Ich)

Zentrum

Das Kind erkennt seinen Nabel als »Mittelpunkt«. Die Erfahrungen, die das Kind an seinem Körper macht, werden verinnerlicht und erleichtern es dem Kind, sich auch in sich selbst zu orientieren.

Mit der Fähigkeit, einen Kreis zu schließen und einen Mittelpunkt zu setzen, hat das Kind zu einem ersten globalen Selbstgefühl gefunden.

Achse

Der eigene Körper hat zwei Seiten, links und rechts.
In der Mitte die Achse: Wirbelsäule.
Die Brust der Mutter hat zwei Seiten (gut und böse).
Anders und gleich werden unterschieden.

Urkreuz

Das Kind entwickelt ein Gefühl für oben und unten, rechts und links.
Senkrecht und waagrecht wird körperlich immer deutlicher erlebt.
Entsprechend wachsen die Möglichkeiten des Kindes, sich im äußeren und inneren Raum zu orientieren.

Pulspunkte

Wenn das Kind mit dem Stift rhythmisch auf die Unterlage klopft, erlebt es einen inneren Rhythmus. Die Spuren solcher rhythmischen Punkte werden Pulspunkte genannt.
Herz und Atmung, ebenfalls rhythmische Körperfunktionen, als Ausdruck von Leben!

C) Urformen, die mit Expansion zu tun haben

Tastkörper

Fühler, Taster, Strahlen, Tentakel tasten sich vor. Immer sind sie am äußeren Rand der Formen angeordnet. Diese Formen schweben im freien Raum. Der Erlebensdrang des Kindes wird spürbar.

Das Kind entdeckt die Umwelt in alle Richtungen.

Beginn der Expansionsphase.

Die Entdeckungsreisen des Kindes gehen immer noch von der Mutter aus.

Eigentliche Übungsphase (MAHLER).

Gerichtete Tastfigur

Diese Formen drücken zunehmende Bestimmtheit und Wollen aus. Die Forderung des Kindes nach immer mehr Unabhängigkeit führt zum Anstoßen an Grenzen, zu Ängsten und zur beginnenden Wiederannäherung an die Mutter.

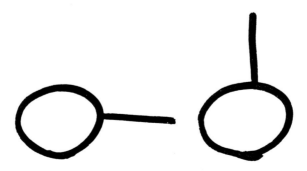

D) Ich-Struktur- und Konsolidierungssymbole

Kreuzungen

Kreuzungen weisen auf das Spiel mit Neuem hin. Konstruktionen entstehen. Gerüste: Symbole für (Zu-)Ordnung (von Erfahrungen).

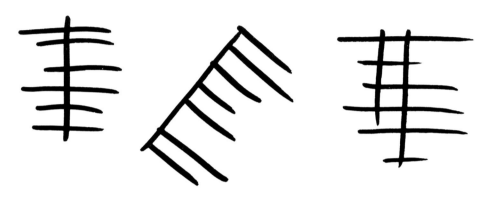

Kasten

Die Darstellung des Kastens erfordert eine gute Koordination von Auge und Hand. *Konsolidierungsphase* (MAHLER).
Beim Erwachsenen hat der Kasten oft etwas mit Überkontrolle und Isolation zu tun (siehe Seite 192).

V. Das Ich während des Malprozesses

Der Patient schildert sein Problem. Er gebraucht ein Sprachbild, wie etwa: Ich bin geplatzt vor Wut / Ich fiel in ein Loch / Da habe ich den Boden unter den Füßen verloren / Ich habe Angst, mich aufzulösen / Das ist doch zum In-die-Luft-gehen . . .

Da er mit derartigen Äußerungen an die Welt seiner inneren Bilder rührt, bietet sich ein günstiger Einstieg zum Malen. Spontan. Aus dem Stegreif. Einfach so . . .

Vieles, was im Patienten vorgeht, wenn er nun mit dem Malen beginnt, können wir aus seinem Verhalten und seinen Kommentaren ablesen. Malen? fragt er ungläubig. Wieso malen? Er zögert, er weiß nicht, wie er das Papier drehen soll. So? Nein, lieber so. Quatsch, doch anders rum. Er stürzt sich auf Rot. Rot war schon immer meine Lieblingsfarbe, sagt er. Ich kann nicht malen. Stützt den Kopf auf, reibt sich die Augen, seufzt. Läßt sich in den Sessel sinken, kniet sich lieber auf den Boden, malt auf dem Bauch liegend. Vertieft sich, ist wie in Trance, eine Stelle in seinem Bild scheint ihn nicht loszulassen, akribisch beißt er sich fest, schüttelt den Kopf, streicht durch, schmiert mit dem Daumen drüber, will einen Radiergummi, will noch einmal beginnen, macht einen Fahrer quer über das Blatt, lacht, weint, dreht das Bild um, will es nicht zeigen, strahlt vor Erleichterung . . .

Was geht im Maler vor?

Das Ich hin- und hergerissen

Das Ich des Malers ist hin- und hergerissen zwischen Bildern und Phantasien, die auftauchen und inneren Stimmen, die diese Bilder bewerten und nicht gelten lassen wollen. Die Fähigkeit, sich auszudrücken, wird in Frage gestellt. Wie kann man etwas Derartiges malen? Blockaden. Auch die inneren Bilder selbst kämpfen miteinander, das eine will das andere erschlagen.

Das Ich in den Phasen des kreativen Prozesses

Psychologische und psychoanalytische Beobachter sehen übereinstimmend den kreativen Prozeß durch mehrere Phasen gekennzeichnet (MÜLLER-BRAUN-SCHWEIG[31]).

1. Vorbereitungsphase

Eine äußere Konstellation, z. B. die psychotherapeutische Sitzung / die Aufforderung des Therapeuten zu malen, trifft auf eine innere Motivation des Patienten, z. B. möchte er seine Nöte mitteilen.

2. Intensive innere Beschäftigung

Phantasien, Bilder, Erinnerungen, Gefühle durchkreuzen sich und führen zu einer Pause, manchmal Unlust, Resignation. Oder zum ersten Strich auf dem Papier.

3. Regression im Dienste des Ich

Der Patient überläßt sich jetzt mehr oder weniger dem unbewußten Vorgang. Manchmal wird etwas Rauschhaftes erlebt. Der Patient fühlt sich inspiriert. Das »Es« scheint sich zu organisieren und liefert eine besondere Schubkraft, den Fluß, den Zustrom, die Kraft, das Bild zu vollenden.

Der Patient zeigt mehr als er ahnt und will

Während des Malens kooperiert also das Unbewußte mit dem Bewußten. So ist zu erklären, daß in den Bildern der Patienten gewöhnlich verdrängte Elemente auftauchen und daß die Bilder mehr zeigen als die Maler zeigen möchten. Aus diesem Grunde ist bei der Bearbeitung eine besondere Behutsamkeit angezeigt.

Zusammenfassend können wir feststellen:

1. Das Ich wird beim kreativen Prozeß einer Labilisierung ausgesetzt. Die Kontrolle über die Denkprozesse wird vorübergehend aufgegeben.
2. Beim Malen werden Energien vorübergehend von der Außenwelt abgezogen, um die inneren Vorgänge zu bewältigen. Der Therapeut, der diese inneren Vorgänge in Gang setzt, sollte auch die Zeit haben, sie zu begleiten!
3. Der kreative Prozeß erleichtert die Überwindung früherer Traumen. Sie werden verschoben auf das Bild, ein Ersatzgebiet, und dadurch beherrschbar.
4. Mit dem Bild ist ein intensiver Austausch möglich. Das Bild kann zum Partner werden. Es ist einerseits ein erweitertes Selbst-Objekt (KOHUT[32]). Es ist aber auch ein Gegenüber, das während des Malprozesses Leben gewinnt. Jeder Strich löst eine Antwort des entstehenden Bildes aus. Es handelt sich also um einen engen averbalen Kontakt mit einem selbst geschaffenen Objekt.
5. Das Bild kann narzißtische Lücken der Persönlichkeit ausfüllen. Der Patient erlebt sich in einem gelungenen Bild als heil, als »ganz«. Das fertige Bild wirkt auf ihn zurück, er kann sich mit ihm identifizieren.
6. Es bietet in der Gruppe völlig neue Kommunikationsmöglichkeiten an.

VI. Verhüllungsmechanismen des Ichs

Bildarbeit
Beim Malen eines spontanen Bildes dürfte ein ähnlicher Vorgang wirksam sein wie bei der Entstehung eines Traumes. Ich möchte – analog zu FREUDs[33] Begriff der *Traumarbeit* – diesen Vorgang als *Bildarbeit* bezeichnen.
Die Hauptmechanismen, durch welche die *latenten* und spontan auftauchenden inneren Bilder in das *manifeste* gemalte Bild übersetzt werden, sind nämlich, genau wie beim Traum, diejenigen der Verdichtung, Verschiebung und sekundären Bearbeitung.

Verdichtung
Im manifesten Bild sind gewisse Bruchstücke von Bildern kombiniert, verschiedene Elemente sind verdichtet zu einem neuen Element. Und zwar werden solche Elemente zu einem Symbol verdichtet, die emotional ähnlich oder identisch sind (symbolo – das Zusammengeworfene, Zusammenstimmende). Der *Symbolisierungsprozeß* ist eine mehr oder minder unbewußte Ich-Leistung.

Verschiebung
Unter Verschiebung versteht FREUD die Tatsache, daß ein Element – und oft ein sehr wichtiges – durch ein weiter abliegendes Element ausgedrückt wird, das unwichtig zu sein scheint. Die eigentliche Aussage des Bildes wird dadurch *verdeckt*.
Ein Bild drückt unter Umständen das Gegenteil von dem aus, was der Maler kurz davor erzählt hat. Was besonders bedrohlich oder wichtig war, erscheint klein und unscheinbar, kaum angedeutet oder ins Gegenteil verkehrt (*kompensatorische* Funktion des Bildes, FURTH[34]).

Sekundäre Bearbeitung
Unter sekundärer Bearbeitung versteht FREUD den Teil der *Traumarbeit*, der den Prozeß der Verhüllung vollendet, Lücken ausfüllt, Ungereimtheiten ausbügelt mit dem Ergebnis, daß der manifeste Traum die Form einer zusammenhängenden Geschichte annimmt, hinter deren Fassade sich das ursprünglich erregende und dramatische Traumspiel verbirgt.
Dieser Vorgang läßt sich auf die *Bildarbeit* übertragen. Der Maler radiert, frisiert, korrigiert, füllt aus, verbessert, zieht nach, übermalt, betont, verbindet . . .

Enthüllungsarbeit

Das spontane Bild bietet für diese »Retouchierarbeiten« des Malers (Ichs) wenig Zeit und erleichtert deshalb die in der tiefenpsychologisch fundierten Kunsttherapie angestrebte »Enthüllungsarbeit« (siehe das Beispiel eines »Enthüllungsprozesses«, Seite 167 ff.).

Auf diesem Bild einer Frau (36) zeigen sich zwei häufig vorkommende Verhüllungs-»Zeichen«:
1. das *Übermalen* eines komplexbesetzten Bildelements mit Deck-Weiß (mittlerer Bildbereich),
2. das *Aussparen* eines Bildteils im Sinne der Verleugnung (linker Bildteil).

Das *Trauma* der Malerin – sexueller Mißbrauch in der Kindheit – wurde in einer Gruppensituation wiederbelebt und drängte *verhüllt* ins Bild.

Die Arbeit mit Bildern zeigt immer wieder: Selbst wenn, wie in diesem Fall, seelische Verletzungen therapeutisch längst bearbeitet sind und bewältigt zu sein scheinen – sie können *nie gelöscht* werden.

Heilung geschieht vielmehr dadurch, daß die alten Bilder in einen *neuen Kontext*gestellt werden.

VII. Ich-Symbole im Bild des Erwachsenen

Gibt es Symbole, die im Bild des Erwachsenen das Ich repräsentieren?
Grundsätzlich ist dasjenige Bildelement als Ich-Symbol zu sehen, auf das der Maler spontan hindeutet und erklärt: Das bin ich.
Deutet der Maler auf eine Person, so ist die Person als Symbol des Ichs zu betrachten.
Deutet der Maler auf eine Wolke und sagt, das bin ich, so ist diese Wolke als Symbol seines Ichs zu deuten.
Deutet der Maler auf einen Haufen zertrümmerter Steine und sagt, das bin ich, so ist der Haufen zertrümmerter Steine als Symbol des Ichs zu deuten.
Das Ich kann also als Mensch, als Pflanze, Tier, Gegenstand, als Naturerscheinung und auch als abstraktes Zeichen im Bild erscheinen.

Ich-Symbol-Betrachtung
Ist ein Bildelement vom Maler als Ich(-Symbol) definiert worden, so ist dieses in mehrfacher Hinsicht zu betrachten:
1. Mit welcher *Art* von Sinn-Bild haben wir es zu tun?
    Welche Gefühle tauchen bei uns auf, wenn wir z. B. hören: dieser Vogel bin ich selbst. Oder: Ich bin dieses verwehte Blatt.
    Welche Wesensmerkmale vereinigt dieses Ich-Symbol?
    Welche bewußten und unbewußten seelischen Kräfte stehen hinter diesem Ich-Symbol?
2. In welchem *Kontext*, in welchem Rahmen, in welchem Bezugssystem erscheint das Ich-Symbol im Bild?
    In welchem Bild-Quadranten ist das Ich-Symbol angesiedelt?
    Raumsymbolisch ist der linke untere Quadrant der regressivste Ort, der rechte obere Quadrant der progressivste Ort im Bild (SUSAN BACH[35]):

+ −	+ +
− −	− +

3. *Wie* ist das Ich-Symbol im Bild gestaltet?
    Welche inhaltlichen, farblichen und formalen Besonderheiten zeigt es? Was ist seltsam?

Die Potenz des Ichs bzw. unterschiedliche Potenzen des Ichs zeigen sich im Bild sowohl inhaltlich als auch formal und farblich.

A) Inhaltlich

Tragender Boden / Existenzlinie

Ein fester, farbiger Boden, fruchtbar und sicher hat eine Beziehung zur Stabilität des Ichs und zum Realitätsbezug.

Personen

Die folgenden Zuordnungen sind eine Orientierungshilfe, um die Ich-Position der Person näher zu beschreiben:

Aufrechte Körperhaltung, Füße, Schuhe: Standfestes Ich

Körperhaftigkeit (kein Strichmännchen): Kraft-Ich

Geschlechtsmerkmale, Erkennbarkeit als Mann oder Frau: Geschlechtlich identifiziertes Ich

Zielgerichtete Tätigkeiten: Handelndes, autonomes Ich

Sinnesorgane ausgeführt: Wahrnehmendes Ich

Kontakt mit anderen Bildelementen: Beziehungsfähiges Ich

Bäume

Bäume symbolisieren das gewachsene, gewordene Ich. Folgende Zuordnungen dienen einer ersten Orientierung:

Wurzeln: Die Verwurzelung des Ichs im kollektiven und familiären Grund

Stamm: Die Belastungsfähigkeit im Sturm des Lebens

Krone: Die Entfaltung der Persönlichkeit

Das Herz des Baumes, die Stelle, wo der Stamm in die Krone übergeht und die Äste entspringen, symbolisiert die »Organisationsfähigkeit« des Ichs (SCHMEER[36]).

Der (Ich-)Baum auf dem Bild rechts ist bedroht von rigiden (Umwelt-)Strukturen. Die Malerin war erleichtert, als sie feststellte, daß ihr Baum oben im Bild den Stein bereits besiegt hatte, daß ihre Wachstumskraft, wo sie gerichtet *(ich-synton)* ist, den toten Stein zu sprengen vermag.

Häuser

Häuser symbolisieren den Grad des Aufgehobenseins, des Geschütztseins, z. B. in der Familie oder ähnlichen sozialen Gruppierungen.
Häuser symbolisieren oft auch Abwehrmechanismen des Ichs im Sinne von »mauern«.
Bei der Betrachtung des Hauses ist analog zur Betrachtung von Personen und Bäumen zu achten auf:
Den Grund, die Basis, Keller und Erdgeschoß (*Erdung* des Ichs),
auf die mittleren Etagen *(Gefühle)*,
auf das Dach *(Intellekt, Geistigkeit)*.
Das potente Ich kriegt gleichsam alles gut unter Dach und Fach.
Zäune, Außentreppen und Ummauerungen sind als vorgebaute *Schutz-* und *Abwehr-*Symbole zu deuten.

Die Tür

Die Tür des Hauses symbolisiert die Offenheit oder Verschlossenheit des Malers, das Herein- und Herauslassen, das Abgegrenztsein.

Die Malerin (36) des Bildes unten hat die Haustür ganz weggelassen. Äußere Einflüsse, anderer Leute Stimmungen und Probleme fließen ungehindert in das (Ich-)Haus hinein und durch das (Ich-)Haus hindurch und können sich einnisten. Aus farbigem Papier wird eine Tür ausgeschnitten und eingepaßt. Die Tür bekommt eine Klinke. Die Malerin kann sie auf- und zumachen. Was wie ein Kinderspiel aussieht ist in Wirklichkeit viel mehr, nämlich das Visualisieren und Erproben neuer Abgrenzungsqualitäten.

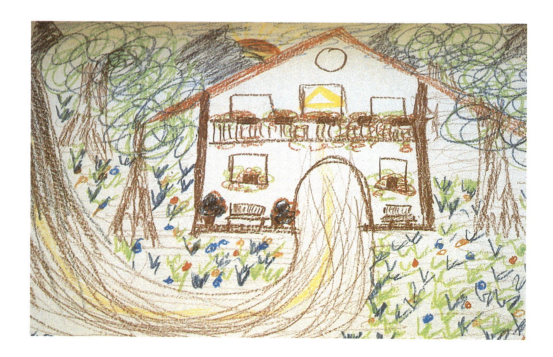

Fahrzeuge und Maschinen

Das Ich zeigt sich symbolisch im Bild manchmal als Fahrzeug oder Maschine, wobei darauf zu achten ist, ob, auf welche Weise, von wem und in welche Richtung diese Maschinen gesteuert werden.

Eine Frau (48) malt eine Schleuse, eine Staustufe (Bild unten). Links im Bild sind die Wasser kanalisiert, d. h., daß das Ich die vitalen Energien eingefaßt und den Fluß reguliert hat. In der Mitte des Bildes, also an zentralem Ort, bedient eine Person (Ich-Symbol) eine Maschine, die das Wasser aufstaut und dosiert herausläßt.

Erst dann wird rechts im Bild das Wasser seiner eigentlichen Natur, dem Fließen überlassen . . .

Über-Regulationen des Ichs?

B) Formal

Ordnung / Integration
Das potente Ich wirkt sich ordnend auf das Gesamtbild aus. Das Bild hat einen gewissen Zusammenhalt, zerfällt nicht, sondern erscheint in sich ausgewogen, übersichtlich.

Abgrenzung
Die Bildelemente sind voneinander abgegrenzt.

Vielfalt
Das potente Ich kann auf einem Bild gleichzeitig eine Vielfalt unterschiedlicher Qualitäten ausdrücken.

Zentrierung
Das Bild hat eine Art Kern, ein inhaltliches oder formales Zentrum, um das sich die anderen Bildelemente herumgruppieren.

C) Farblich

Kräftige Farben und ein klarer Strich, Ausdruckskraft sprechen dafür, daß das Ich in der Lage ist, vitale Energien zu kanalisieren.

D) Objektal und Subjektal

Objektstufe

Wir gingen davon aus, daß das Ich-Element im Bild zunächst da anzusiedeln ist, wo der Maler spontan oder auf Nachfrage sich selbst sieht, d. h., daß alle anderen Bildelemente anderen Objekten zuzuordnen sind. Diese Art der Bildbetrachtung entspricht dem, was C. G. JUNG[37] bei der Bearbeitung des Traumes die Objektstufe nennt.

Ist die objektale Bearbeitung des Bildes ausgeschöpft, hat der Maler die einzelnen Objekte und Elemente seines Bildes erläutert, so ergibt sich ein zusätzlicher wichtiger Aspekt für den diagnostischen und therapeutischen Umgang mit dem Bild: nämlich der, daß nicht nur der vom Maler deklarierte Ich-Repräsentant, sondern *alle* Bildelemente psychische (Ich-)Anteile des Malers symbolisieren.

Subjektstufe

Es kommt zum Beispiel häufig vor, daß ein depressiv gestimmter Patient den stärksten und vitalsten Bildanteil einer *anderen* Person aus seinem Leben zuteilt, einem Feind, einer Autorität, einem Rivalen oder einer Rivalin, einer Person also, die ihm Probleme bereitet und ihn (sein Ich) im Leben schwächt. Realisiert nun der Maler, daß alles, was er der anderen Person an Macht- und Kraftsymbolen gibt, auch eine Macht und ein Kraftpotential von *ihm selbst* ausdrückt – er könnte diese Kraftsymbole nämlich gar nicht ins Bild bringen, wenn er das entsprechende Potential nicht selbst hätte – kann es zu einem erleichternden Aha-Erlebnis, allerdings auch zu unbequemen Erkenntnissen kommen.

Analoges gilt für die »Schwachpunkte« im Bild. Wurden sie ursprünglich einem *anderen* Objekt zugeordnet und z. B. abgelehnt, so erweisen sie sich bei der subjektalen Bildbetrachtung als *eigene* Schwachpunkte und bedürfen einer besonders liebevollen integrierenden Bearbeitung.

Bei der Interpretation der Bilder in dem nun folgenden Hauptteil wird sowohl die objektale als auch die subjektale Deutungsebene berücksichtigt.

VIII. Ich-Entwicklungsdiagnose anhand von Bildern

In den gemalten Bildern unserer Patienten werden manchmal Symbole unbewußter Komplexe sichtbar, auf die der Maler überrascht, befremdet reagiert oder von denen er auf magische Weise angesprochen zu sein scheint.

Psychotherapeuten und Kunsttherapeuten sind im allgemeinen höchst interessiert, wenn sie solche Bilder miterleben und einen unbewußten Konflikt oder archetypische Symbole deutlich im Bild erkennen können. Die Verlockung, solche Bildelemente therapeutisch zu bearbeiten, ist groß. Aber gefährlich, wenn der Therapeut versäumt hat, sich von der Belastbarkeit seines Patienten ein sorgfältiges Bild zu machen.

Die psychische Belastbarkeit eines Patienten ist u. a. ablesbar aus der *Ich-Position* bzw. aus den *Ich-Positionen* im Bild.

Vor jedem Bearbeiten primärprozeßhafter oder komplex-(konflikt-)besetzter Bild-inhalte empfehle ich deshalb eine sorgfältige Ich-Entwicklungsdiagnostische Orientie-rung und möchte in diesem Hauptkapitel einige Anhaltspunkte dafür geben.

Die Bilder, die nun folgen, erläutere ich speziell unter dem Aspekt des *Ich-Entwicklungsniveaus* (BLANCK und BLANCK[38]), das bedeutet, daß manche Bild-details und -aspekte unberücksichtigt bleiben.

A) Progressive und regressive Bildelemente nebeneinander

Fließende Übergänge
Ein Patient malt sich in drei verschiedenen Körperhaltungen. Er beginnt mit der liegenden Figur. Dann folgt die sitzende Haltung. Schließlich steht der Mensch.

Körper-Achse / Ich-Achse
Die Haltung des menschlichen Körpers, die Achse, die Standfestigkeit im Bild, hat etwas mit der Stabilität des Ichs zu tun.
1. Der ersten, *liegenden* Haltung entspricht ein Schwebezustand. Er erinnert auf diesem Bild an die Haltung eines Kleinkindes im Arm der Mutter. Das Ich ist losgelassen, Verantwortungen sind delegiert.
2. Wie kommt es zum *Sitzen* auf diesem Bild?
Nicht durch Aufrappeln. Nicht durch Heben des Oberkörpers. Nicht durch Straffen. Sondern durch ein Sich-sinken-Lassen. Wie beim Kind, das von der Mutter auf den Boden hintergelassen wird. In die progressive Dynamik des Sich-Aufsetzens mischen sich also auf diesem Bild regressive Elemente.
3. Schließlich *steht* die Person. Das Gesicht ist jetzt frontal dem Betrachter zugewandt. Dieses Aufstehen der Figur weist auf eine Stabilisierung des Ichs während des Malprozesses hin. Die Figur ist jedoch schlecht ausgerüstet: ohne Füße, ohne Schuhwerk und ohne Arme kann das Leben nicht angepackt und bewältigt werden. Allenfalls bilden sich Gedankenblasen . . .

Baum als Ich-Repräsentant
Der Baum rechts im Bild spiegelt, betont und unterstreicht den Übergang aus der Horizontalen in die Vertikale.

Unentschiedene Ich-Position
Die Therapeutin war während des ganzen Malprozesses anwesend, konnte also miterleben, wie die Ich-Position des Patienten sich veränderte, wie die eine Position fließend in die andere überging und wie der Patient gleichsam im *Unentschieden* steckengeblieben ist. Der Maler ist tatsächlich seit 10 Jahren in einer zentralen persönlichen Lebenssituation unfähig, eine Entscheidung zu treffen!
Manchmal bekommen wir erst das fertige Bild zu sehen. Dann stehen progressive und regressive Bildelemente scheinbar zusammenhanglos nebeneinander, und erst, wenn wir uns den Gestaltungsprozeß, also die Reihenfolge, den Ablauf des Malens erzählen lassen, erfahren wir etwas über die Dynamik und den Zusammenhang dieser unterschiedlichen Ich-Positionen im Bild.

Progressive und regressive Elemente in Kinderbildern
Das Nebeneinander von progressiven und regressiven Bildelementen finden wir auf vielen Kinderbildern.
Dieses Bild hat ein 6½jähriger Junge gemalt. Er hat Angst vor der Einschulung.
Die *phallischen,* draufgängerischen, ehrgeizigen Elemente sind an dem großen Elefanten, der hohen Position des Reiters und dem Versuch, schon zu schreiben – an die Klassenleiterin der älteren Schwester – ablesbar. Außerdem an der Ausrichtung nach *rechts* (Zukunft).
Die *regressiven* Elemente zeigen sich im kleinen Kind-Elefanten, der unterschlupft, sich schützt, sich zurücksehnt: Rückwendung zum *linken* Blattbereich.

Regression zeigt sich inhaltlich
Der regressive Ich-Anteil in Gestalt des kleinen Elefanten zeigt sich also *nur inhaltlich.*
Formal ist die Durcharbeitung über das ganze Bild in gleicher Weise differenziert.

Regression kann sich farblich und formal zeigen
Es kommt auch vor, daß sich der regressive Teil im Bild *lediglich formal oder farblich* zeigt. In so einem Fall verändert sich der Malstil, der Strich wird krakelig und unbestimmt, das Formniveau sackt ab, die Farben werden blasser, die Aussage undeutlich.

Dies ist das Bild einer 35jährigen Frau in einer suizidalen Krise.
Auch hier sehen wir nebeneinander einerseits zwei größere menschliche Figuren, andererseits ein nicht erwachsenes, ja sogar embryonales Wesen.

»Erwachsene« Ich-Elemente
Die labile Ich-Position ist auf diesem Bild daran abzulesen, daß den beiden »großen« Menschen, den einzigen Aktionsträgern, der Boden unter den Füßen, die Existenzlinie fehlt. Auch fehlen ihnen alle Sinnesorgane, mit denen sie sich orientieren könnten. Schemenhaft schweben sie im Raum, so wie die Gestalten und Gestaltungen auf Kinderzeichnungen zusammenhanglos im Bildraum herumschwimmen, Ich-Inseln, Erfahrungs-Inseln, die noch nicht (bzw. hier: nicht mehr) zu einem einheitlichen Kern verschmolzen sind.

Das »embryonale« Ich herrscht
In gewisser Weise »herrscht« jeweils dasjenige Bildelement, das in der *Mitte des Bildes* angesiedelt ist. Hier ist es das »embryonale« Ich. Von den beiden im Raum schwebenden Menschen ist es durch eine eiförmige Hülle abgespalten, so steuert es quasi ungehindert in die totale Regression.

Verschluckende »Mutter-Erde« / Orale Thematik
Als »Mutter«, mit der dieses »embryonale« Ich mittels der Nabelschnur (Symbol der Abhängigkeit, s. S. 147) verbunden ist, erscheint unten rechts ein busenförmiges Stück Erde. Diese »Mutter Erde« hat sich gleichsam schon aufgetan, um die Malerin aufzunehmen, zu schlucken.

Ich-Kreuz
Das Grab ist (vor-)bereitet: Das Kreuz zeigt eine ähnliche hohle Struktur wie die beiden menschlichen Figuren, die mit ihrer Körperhaltung den Tod am Kreuz bereits einzuüben scheinen.
Aber dieses Kreuz mit seinen zwei Achsen drückt nicht nur Tod, sondern auch Spannung aus!

Ressourcen
Übersehen wir nicht den gelben Halbkreis auf dem Ei! Ein gelber Dotter? Auf alle Fälle ein *nährendes* Potential. Ein diagonal zum Todeskreuz angesiedeltes Lebensprinzip. Spirituelle Energie (Gelb!). Ein Schutz von »oben«. Ein transformierendes Prinzip: Bildelemente im linken oberen Quadranten weisen oft auf mystische Verbindungen hin.

Abnabelung vom Todes-Prinzip

Fände der progressivste Ich-Teil, nämlich die rote Figur oben rechts im Bild (der rechte obere Quadrant im Bild ist der »handlungspotenteste«!), eine Schere – der Therapeut kann so eine »Vision« anbieten (s. Pauspapiermethode, S. 196), würde die Figur die Schere in die Hand nehmen und die Nabelschnur durchschneiden, dann könnte das embryonale Ich, eng verbunden mit dem nährenden Prinzip Dotter, empfangen und beschützt von den beiden (Eltern-)Figuren, die die Arme ausbreiten, in Ruhe wachsen und sich schließlich zu einer reifen, integrierenden Ich-Mitte-Position entwickeln.

Progressive und regressive Ich-Elemente auch in diesem Bild nebeneinander. Die linke Person ist klein, die rechte Person ist groß. Im Gegensatz zum vorhergehenden Bild besteht jedoch über die Mechanik der Wippe eine Verbindung der beiden:

»Drehpunkte« als Symbole von Ich-Regulationen
In dieser »Mechanik«, dem Drehpunkt der Wippe, sehe ich das wesentliche Ich-Regulativ, das bei den Balanceakten zwischen Regression und Progression immer wieder das Gleichgewicht herstellt. Dieser Drehpunkt ist noch verstärkt durch die darüberstehende Sonne.
Das Anliegen des Therapeuten: Er unterstützt die integrativen Fähigkeiten des Ichs, indem er die in der Wippe symbolisierte Verbindung zwischen dem *Erwachsenen-Ich* und dem *Kind-Ich* vertieft, z. B. durch Gestalt-Dialoge oder durch die Sequenz weiterer Bilder.

Welche Schlüsse lassen sich aus dem bisher Betrachteten ziehen?
1. Eine Ich-Entwicklungs-Diagnose aus dem Bild muß *differenziert* werden. Progressive und regressive Elemente sind oft nebeneinander vorhanden.
2. Spontan gemalte Bilder sind *Momentaufnahmen* der seelischen Struktur. Das Verhältnis von progressiven und regressiven Ich-Elementen im Bild variiert.
Eine endgültigere Entwicklungs-Diagnose, ein *Ich-Entwicklungs-Status,* ist stets deskriptiv und erst möglich, wenn mehrere Bilder aus einer längeren Behandlungsperiode vorliegen.
3. In *Belastungssituationen* vermehren sich im allgemeinen die regressiven Ich-Elemente im Bild.
Die progressiven Ich-Elemente erhalten dann eine besondere Bedeutung als Ressource und Ausgangspunkt für die psychotherapeutische (kunsttherapeutische) Arbeit.
4. Der Therapeut *verbündet* sich zunächst stets mit dem progressivsten Ich-Element im Bild und nähert sich – wenn überhaupt – von dieser Postition aus den regressiven, z. B. primärprozeßhaften Bild-Elementen.

B) Angst-Niveau

Die Fähigkeit zum Umgang mit Angst enthüllt einen wichtigen Aspekt der Ich-
Entwicklung. Bezüglich der Belastbarkeit des Ichs liefert dieser Aspekt den meines
Erachtens wichtigsten Hinweis.

Verschiedene Angstformen
Die psychoanalytische Entwicklungspsychologie unterscheidet, je nachdem, in welcher
Phase der Kindheit Ängste entstehen,
Angst vor Vernichtung
Trennungsangst (also Angst vor Objekt-Verlust)
Angst vor Kastration und
Angst vor Über-Ich.
Die Bilder unserer Patienten weisen darauf hin, daß aktuelle Ängste sehr oft
Mischformen sind aus den sehr frühen, späteren und aktuellen Ich-Bedrohungen.

Verteilung von Angst-Energie und Ich-Energie im Bild
Was sich aus Bildern deutlich ablesen läßt, ist das Verhältnis von Angst-Energie auf
der einen und Ich-Energie auf der anderen Seite. D. h., daß der Therapeut darauf zu
achten hat, wieviel Raum und Zeit der Maler für die bedrohlichen Bildelemente
aufwendet und wieviel Engagement er den Ich-Positionen im Bild widmet.

1. Angst vor Vernichtung
Angst vor Objektverlust

Hat bei einem Menschen die Entwicklung des Ichs nicht ausreichend stattgefunden, so
kann das Ich von traumatischer Angst überwältigt werden, so wie eine Invasionsarmee
ein Land besetzen kann, das sich nicht zu verteidigen vermag.

Kein Es ohne Ich
Dennoch: Es ohne Ich gibt es nicht! Irgendwelche Strukturen im Bild finden wir immer.

Ordnungsprinzipien
In dem Symbolisierungssalat dieses Angstbildes z. B. gibt es ein Oben und ein Unten.
Auch tauchen Kreuze auf. Kreuze sind Urformen der Ich-Organisation schon in
Kleinkinder-Bildern (s. Urkreuz, S. 55).

Ödipale Verstrickung

Die Malerin (28) lebt in einer Beziehung zu einem Mann, der in mancher Hinsicht ihrem Vater ähnelt. Das *Hakenkreuz* auf diesem Bild weist auf ihre spezifisch »nazistische« Angstthematik hin: Übernommene Schuld (aus der Nazi-Vergangenheit des Vaters). Angst vor väterlicher Bespitzelung. Angst vor »Verfolgung« ihrer Weiblichkeit. Die Ängste beziehen sich auf das elementare sexuelle Leben, das dadurch dämonisiert wird: Zwei krakenförmige Schattenwesen entsteigen dem Unbewußten. Beherrscht von der Schlange und bedroht von dem Beil – oben links – scheinen sich die beiden Wesen auf primitive Weise zu begatten.

Der Überflutung mit bedrohlichen Angstsymbolen hat die Patientin zum Zeitpunkt des Malens wenig reife Ich-Organisation entgegenzusetzen.

Ressource: Das Wissen der Erd-Schlange
Im Unten und im Oben zu Hause ist die Schlange. Dadurch hat sie eine integrierende Funktion in bezug auf das Oben und Unten. Allerdings eine trennende in bezug auf die beiden Schattenwesen. Ihren Kopf, hervorgehoben, verziert und dadurch vergrößert, wendet die Schlange dem weiblichen Wesen (rechts) zu.
Die Schlange symbolisiert ein instinktives Wissen, hier vielleicht ein Wissen darum, daß Trennung angezeigt ist, Befreiung aus einer sexuellen Beziehung, die vergiftet ist von frühen inzestuösen Ängsten.

Unterordnung des Ichs unter den Archetypen
Enthält ein Bild so wie dieses eine archetypische Botschaft, so darf sich das Ich diesem archetypischen Wissen anheimgeben.

Nebenstehendes Bild möchte ich einblenden, um daran zu erinnern, daß (frühe) Ängste sich oft mit anderen Affekten *mischen*.
Die Malerin dieses Bildes ist 36 Jahre alt.
Erinnerungen und Gefühle im Zusammenhang mit frühem sexuellem Mißbrauch wurden wiederbelebt.
Ein Schrei aus dem Bild heraus.
Im Verlauf des Malprozesses wird das rote Fleischliche, das Blut, das Erschrecken, die *Wut*, der *Schmerz*, die *Scham* – das Rot(werden) – in die dunklen *Angst*- und *Trauer*farben eingehüllt.

Diese Patientin (29) hat in einer Trennungs-Angst-Krise den Boden unter den Füßen verloren. Die Trennungsangst stürzt sie in die »Hölle«.

Spontane Einführung eines Ich-Elementes
Während sie das Bild beschreibt und das Grauen zunehmend von ihr Besitz ergreift, malt sie selbst spontan das grüne Band, das sie vor dem totalen Absturz bewahren soll. Ist die Ich-Position im Bild auf diese Weise gerettet?

Die Wirkung symbolischer Bild-Lösungen nicht überschätzen!
Wenn ich rückblickend, ca. acht Jahre nach diesem Bild, das Schicksal dieser jungen Frau betrachte – eine Psychose ließ sich nicht aufhalten – wenn ich aus dem Bild ablese, wie der eine Fuß der Person verzweifelt den selbstgeschaffenen grünen Halt zu berühren sucht, der andere Fuß jedoch schon im Höllenfeuer (der psychotischen Ängste) drinhängt – so kann ich gar nicht ernsthaft genug darauf hinweisen, wie gefährlich es sein kann, solche den *Selbstheilungskräften* der Seele entspringenden Einfälle in ihrer Wirkung zu überschätzen. Über die tiefe Angst vor Vernichtung, die äußerste Angst-Not bei einer solchen Patientin, selbst wenn sie hochbegabt und einfallsreich ist und wenn ihr Unbewußtes erstaunliche Lösungsangebote ins Bild bringt, dürfen wir uns nicht hinwegtäuschen lassen!

Stabilisierung durch Begleitung
Das grüne Band, der Ich-Halt, ist ein Entwurf der Seele aus dem Augenblick heraus. Es ist eine Vision, die als Grundlage einer langen stabilisierenden Therapie dienen, aber diese Therapie nicht ersetzen kann!

Dieses Bild einer Frau (43) ist ein gutes Beispiel für die unverhältnismäßige Verteilung von Angst-Energie einerseits und Ich-Energie andererseits.

Das der Angst ausgelieferte Ich
Die Ich-Position auf diesem Bild ist von der Angst bedroht. Die Kähne gleichen Nußschalen. Das leere Boot scheint schon verschluckt zu sein. Der stehenden Person im linken Kahn fehlen Augen, Steuer und Ruder, d. h. Ich-Repräsentanten, die es ihr ermöglichen würden, es mit den Naturgewalten, dem Es, aufzunehmen. Diese Person jedoch ist der Dynamik der heranbrausenden Angstmächte ausgeliefert.

Ressource: Konfrontatives Ich
In ihrem Buch über sogenannte Wachträume zeigt ANN FARADAY[39], wie es möglich ist, durch gewisses Training Ich-Funktionen in einen Alptraum einzuschleusen um dem Traum dadurch etwas von seiner Bedrohlichkeit zu nehmen. Die Prinzipien der *Konfrontation* (Wahrnehmung/Ins-Auge-Fassen) und des *Dialogs* (Befragung) spielen dabei eine Hauptrolle.
Ähnlich arbeitet PERLS[40] mit bedrohlichen Traumelementen.
Diese Methoden bieten sich auch für die Arbeit mit Bildern an: Die Person im Boot z. B. ist zwar äußerst exponiert, aber sie ist der (Es-)Gefahr zugewandt. Sie bräuchte nur Augen und einen Mund, um einen Dialog mit den Mächten zu beginnen, um sie als eigenen Anteil zu erkennen und sich auf diese Weise mit deren Energie und dynamischen *Strukturen* (!) zu stabilisieren.

Eine Frau (40) malt ihren Traum von der Nacht. Eine schwarze quallige Angstmasse dringt durch die dreieckige Luke der Zimmertür.

Wir fragen uns: In welchem Verhältnis zeigen sich einerseits die Bildelemente, die *tragen*, andererseits die Bildelemente, die *bedrohen*?

Auf diesem Bild bemerken wir ein wichtiges Ich-Element in der roten Figur unten rechts. Sie steht aufgerichtet. Die erhobenen Hände symbolisieren einen Hilfeschrei. Eine gewisse Konfrontation mit dem Angstelement ist also auf dem Bild ablesbar – alles progressive Attribute des optisch zwar kleinen aber affektiv starken (rot) Ich-Repräsentanten.

Die Angst ist riesig, quallig und schwarz, aber, und das ist bedeutsam, nicht ohne Struktur.

Spirituelle Symbole

Die rote Figur scheint nicht nur von der schwarzen Angstmasse, sondern auch vom Anblick des hellen Dreiecks überwältigt zu sein. Da es so hoch im Bild angesiedelt ist, könnte es Symbol eines *Schutzzeichens* oder sogar des Auges Gottes sein, zu dem der Mensch manchmal in der tiefsten Angstkrise durchbricht.

Spirituelle oder *kulturelle Symbole* (JUNG[41]) treten in den großen Träumen auf, und zwar keineswegs nur als statische Muster, sondern als dynamische Faktoren, die aus der Tiefe heraus das Ich nähren. Bei der bloßen *Traum-Besprechung* wäre dieses Symbol wohl gar nicht in Erscheinung getreten. Ob es in der therapeutischen Arbeit für die Malerin eine Bedeutung bekommt, erweist sich z. B. im Gestalt-Dialog.

Ich-Position im Traum / im gemalten Traum-Bild

Die *gemalte* Traumszene hat noch eine weitere Qualität, die der *erzählte* Traum nicht hat. Sie dokumentiert die Ich-Position. Während der Patient eine Traumszene malt, verändert er allerdings manchmal die im Traum erlebte Ich-Position: indem er sich z. B. Mitleid heischend noch armseliger malt als er sich im Traum gefühlt hat *(regressive Tendenz, ungünstigere Prognose)*; oder aber indem er seine ursprünglich klägliche Position im Traum während des Malprozesses bereits verbessert *(progressive Tendenz, günstigere Prognose)*.

Tiefe Angst vor Vernichtung ist auch der seelische Zustand, aus dem dieses Bild einer Frau (50) entstanden ist. Sowohl die heraufspritzende Gischt als auch das abbrechende Erdreich als auch der dräuende Vogel in der Höhe symbolisieren die bedrohlichen Mächte. Was hat die Malerin an Ichhaftem dem entgegenzusetzen oder hinzuzufügen? Welche Position hat das Ich?

Symbole für »Halt« im Bild
Hier ist *Anstrengung* ablesbar, der *Wille,* festen Boden zu erreichen.
Ein *Baum,* ebenfalls ein Symbol für das Ich, bietet sich zum Festhalten an.
Das *Haus* in der Ferne ist ebenfalls als Ich-Repräsentant im Bild zu verstehen: Ein geschützter Ort mit gemauerten Strukturen, Tür und Fenstern.

Hilfs-Ich
Die Person in dem Kahn unten rechts erscheint als Hilfs-Ich, als potentieller Retter im Fall eines Absturzes.

Angst, sich fallen zu lassen, kein Vertrauen, sich anheimzugeben, auch auf diesem Bild eines Mannes (37). Der schwarze Strudel könnte ergreifen, in die Tiefe ziehen und vernichten.

Gründe »unter der Angst«
Wichtig auf diesem Bild ist die Vision eines farbigen Grundes unter dem Strudel, die Vision von etwas, das auffangen und auch wieder auftauchen lassen könnte (*Maelström-Syndrom* [POE[42]]). Derartige »Gründe«, gleichsam unter der Angst, tauchen manchmal auf, wenn im Verlauf der psychotherapeutischen Behandlung eine Vertrauensbasis entstanden ist oder religiöse Bindungen wiederbelebt wurden.

Wie im Märchen
Wir werden dabei erinnert an gewisse Märchen, z. B. Frau Holle (GRIMM[43]), in denen die Töchter ebenfalls einen Angst-Schlund (den Brunnen) passieren müssen, um dem tief inneren Archetypus der guten Mutter oder »den Müttern« zu begegnen: Allerdings gewinnt nur die erste Tochter das Gold. Die zweite bringt Pech mit nach Hause:

Springen ohne Nebenabsichten
Wie bei allen Selbsterfahrungs- und Meditationspraktiken kommt es nämlich nur dann zu der Begegnung mit dem tragenden Grund (Gold) der Seele oder dem Kosmischen, wenn der »Sprung« ohne bestimmte Erwartung, ohne Berechnung von Vorteilen, ohne Nützlichkeitserwägungen oder Geltungsabsichten riskiert wird, wenn einer springt, nur um zu springen. Und wenn der Mensch das Geheimnis der Tiefe zwar ausstrahlt, aber nicht ver-plaudert.
Der Weise weiß, aber nicht um zu glänzen (LAOTSE[44]).

Dieses Bild hat der gleiche Maler (37) in der gleichen Therapiephase gemalt.

»Querschnitt« durch das dissoziierte Ich
Das Bild ist als eine Art Querschnitt durch das dissoziierte Ich zu lesen: Steht der Maler auf dem Ich-Berg A, weiß er nichts (mehr) vom Ich-Berg-B. Die Ich-Fragmente haben alle ihre eigene Sicht der Dinge.

Embryonales Vertrauen
In den Tälern dazwischen sehen wir krümeliges Erdreich. Da sammelt sich etwas an, was ich »embryonales Vertrauen« nennen möchte. Die Abgründe werden allmählich aufgefüllt. Die Ich-Einbrüche mit Hilfe der Beziehung zum Therapeuten (Basis) immer weniger dramatisch.

Ich-Plateau-Bildung
Rechts im Bild – eine Art Ich-Plateau-Bildung – deutet sich eine Stabilisierung an.

Hier schließlich sind bei einer Patientin (35) gewisse Ich-Strukturen (Rollen, fixe Vorstellungen, Abwehrmechanismen, Illusionen) eingebrochen, der Angststrudel hat die Malerin ergriffen . . .
Erstaunlicherweise mündet der schwarze Strudel in einem blaugelben Fast-Rund (angedeutetes *Selbst-Symbol*).

Ich-Einbrüche
Es gibt offenbar zwei ganz verschiedene Qualitäten von Ich-»Verlust«.
Beim Einbruch oder Zusammenbruch des Ichs handelt es sich um das Nicht-Standhalten der zu schwachen Ich-Strukturen. Wie beim Haus, das einbricht, wenn es nicht solide konstruiert ist, vor allem in den Fundamenten. Auch die Körper-Statur bricht zusammen (bricht ein), wenn z. B. das Knochengerüst porös ist und deshalb nicht mehr trägt.

Ich-Durchbruch

Ein ganz anderer Vorgang ist der Durchbruch durchs Ich. Da das Ich(-Bewußtsein) nur ein ganz kleiner Ausschnitt dessen ist, was wir in Wirklichkeit sind – im JOHANNES[46]-Evangelium heißt es: Ihr seid Götter –, gibt es Techniken, z. B. Meditationen, die die Grenzen dieses Ausschnittes auflösen und den Menschen in Berührung bringen mit dem Allumfassenden, was C. G. JUNG das Selbst nennt und wofür die Mystiker aller Religionen ihre eigenen Bezeichnungen, das *Sein*, das *Tao*, etc. gefunden haben.

Erleuchtung (Erhellung)

Was durch meditative Techniken möglich ist, geschieht gelegentlich völlig unerwartet, spontan: blitzartig dehnt sich das Bewußtsein ins Grenzenlose aus, der Mensch erlebt sich als Teil des Kosmos und völlig im Einklang mit den kosmischen Gesetzen:

Reframing (BANDLER, GRINDER[45])

Die Malerin sinnt nach.

Sie dreht das Bild um.

Ihr Gesicht erhellt sich . . .

Ein Hochgefühl ist aus dem Strahlen ablesbar.

Durch das spontane Umdrehen des Bildes (s. a. Reframing, S. 182) ist die Patientin gleichsam durch die Ängste hindurch oder über die Ängste hinaus in eine ganz andere Ebene, ins Licht höherer Bewußtheit gelangt.

Durchbruch läßt sich nicht erzwingen

Auch hier gilt wieder, daß sich das Geschenk oder die Gnade der Bewußtseinserweiterung mit keiner psychologischen oder spirituellen Methode erzwingen läßt.

Werden forcierte (z. B. Atem-)Techniken eingesetzt, kann es statt zum erwünschten Durchbruch zu einem unerwünschten Einbruch des Ichs und dementsprechend zu schweren Angstkrisen kommen.

Prä-/Trans-/Verwechslungen

In der neueren ganzheitlich orientierten Wissenschaft vom Menschen wird auf solche nicht nur theoretisch, sondern auch praktisch gefährlichen Verwechslungen des Vorpersönlichen (Prä) mit dem Überpersönlichen (Trans) ausführlich hingewiesen (WILBER[47]).

Zusammenfassend läßt sich sagen, daß sich die frühen Ängste, Angst vor Vernichtung und Angst vor Objektverlust im Bild ähnlich darstellen:

Symbole der Ich-Bedrohung

Als häufige Symbole der Ich-Bedrohung finden wir auf Bildern Engpässe, Wassermassen, Strudel, Erdbeben, Erdrutsch, Explosionen, Abstürze, archaische Mächte, die zugreifen, fehlenden tragenden Grund und die Farbe Schwarz.

Anhand einiger Beispiele konnte ich andeuten, daß die Seele gleichsam unter der Angst bzw. nach dem Durchgang durch die Angst *heilsame Archetypen* anbietet, die sich im Bild zeigen und die vom Therapeuten als wichtige Ressource aufgegriffen werden können. Das setzt allerdings voraus, daß der Therapeut den Patienten durch die ganze bedrohliche Passage begleitet und nicht aus eigener Angst auf halbem Weg steckenbleibt oder umkehrt; d. h., daß der Therapeut vertraut, weil er mit seinem eigenen spirituellen Grund verbunden ist.

2. Kastrationsängste

Unter Kastrationsangst (FREUD[48]) – im weitesten Sinne – verstehen wir die Angst, »beschnitten« zu werden.
Diese Angst kann sich unmittelbar körperlich äußern als Angst, das Glied, die Hände, Organe einzubüßen; oder im übertragenen Sinne im persönlichen Besitz, z. B. Sammlungen, Lebensraum oder Spielraum, beschnitten zu werden.
Diese Kastrationsängste im weitesten Sinne (also nicht nur genital gemeint!) haben biographisch ihren Ursprung in der phallischen (ödipalen) Phase. Obwohl sie also später entstehen als die Angst vor Vernichtung und die Angst vor Objektverlust, kann der Angstpegel enorm hoch und die Ich-Position stark angegriffen sein.

Geschlechtsloses Ich
Ein Patient (39) malt im Verlauf einer Gruppentherapie in Abständen drei Bilder, die einen Hinweis auf seine Kastrationsängste geben.
Auf dem ersten Bild drückt er seine Sehnsucht nach dem »süßen« Leben aus, die Unerreichbarkeit seiner Wünsche. Er hat keinen Mund, um die Wünsche zu äußern. Die Handlungsimpulse sind in den Stummelarmen steckengeblieben.
Seine sexuellen Wünsche verkneift er sich. Auf dem Bild hat er sich gleichsam selbst kastriert. Geschlechtslos steht er unter dem Himmel, von dem das verführerische Unerreichbare, vor allem das Liebesherz einer Frau herunterhängt.

Skript-Geschichten
Das gleiche Motiv der Kastration(s-Angst) taucht ein halbes Jahr später in den beiden Skript-Geschichten wieder auf.

Skript-Geschichte: Orwell 84
Es handelt sich um die Szene aus einer Geschichte, die den Maler zum Zeitpunkt des Malens sehr beeindruckt hatte.
ORWELL[49] schildert in seinem futuristischen Roman die Zerstörung des Menschen durch Demütigung, Schmerz und Folter. An der Macht ist die gnadenlose perfektionierte Staatsmaschine, die systematisch alle persönlichen Gefühle und Wünsche des Menschen ausrottet. Jeder wird bespitzelt. Keiner entkommt.

Drei Fragen zum Skript-Bild:
Erste Frage:
Ist das *kastrierende Element* oder die kastrierende Person auf dem Bild zu *sehen?*
Kastrierend, also im weitesten Sinne Impulse abschneidend, wird vom Maler vor allem die Ehefrau erlebt, die seine Gefühle und sexuellen Handlungsimpulse abwürgt. Symbol für diese kastrierende Kontrolle sind die Augen. Die Augen wachen darüber, daß das Genitale sich nicht zeigt. Die Person (das Ich) auf diesem Bild ist wieder geschlechtslos.

Zweite Frage:
Welcher Körperteil ist *nicht beschnitten?*
Die Füße! Die Person könnte also gehen/ausgehen/weggehen.

Verschiebung
Wir dürfen davon ausgehen, daß die Füße hier (auch) stellvertretend für das tabuisierte Genitale stehen. Bätsch! Ich bin doch ein freier Mann!

Dritte Frage:
Inwieweit sind die kastrierenden (Bild-)Elemente im Leben des Malers *aktuell, real?* Inwieweit handelt es sich um *Projektionen kindlicher Kastrationserfahrung?* Antwort auf diese letztere Frage gibt die folgende Szene aus einer Skriptgeschichte der Kinderzeit.

Skript-Geschichte: Daumenlutscher.
Bald darauf malt der gleiche Patient eine Szene aus einem Kinderbilderbuch, die er nicht vergessen hat.
Die frühe (Skript-)Geschichte des Malers ist der Daumenlutscher aus dem Buch Struwwelpeter (HOFFMANN[50]).
Das hier vergrößerte Detail seines dritten Bildes weist auf gravierende Kastrations- und Bestrafungsängste in der Genese, also in der Kindheit, hin. D. h., daß die Ehefrau mit ihrer »Vital-Kontrolle« über den Mann bei jenem einen uralten wunden Punkt berührt.

Autoaggression / Krebs / Operation

Diese Bilder wurden vor ca. sechs Jahren im Rahmen einer kontinuierlichen Gruppentherapie gemalt. Es erstaunte mich nicht, zu hören, daß der Maler sich kürzlich einer Operation unterziehen mußte, bei der ihm ein bösartig (melanomatös) entarteter Leberfleck herausgeschnitten werden mußte.
Spiegelt sich im ersten und zweiten Bild nicht schon der autoaggressive Prozeß? Sind Herz und Hände nicht schon ernsthaft angefressen? Die »Verstümmelung« der Psyche spiegelt sich im Körperbild *(Körperschema)*.
Und ist im dritten Bild die Operation nicht schon vorweggenommen?

Ehescheidung als (Lebens-)Rettung

Der Patient machte damals, vor sechs Jahren, erste vorsichtige Anläufe, sich von der Ehefrau unabhängig zu machen. Nach vielen Partnergesprächen und vergeblichen Versuchen, die Dynamik in der ehelichen Beziehung zu verbessern, kam es vor einem Jahr zur Scheidung. In diesem Fall sicher der einzige Weg, um gesund zu werden, ja zu überleben.

3. Über-Ich-Angst

Die biographisch am spätesten, nämlich in der genitalen Phase anzusiedelnde Angst ist die Über-Ich-Angst.

Im allgemeinen ist in der genitalen Phase ein reifes Ich-Entwicklungsniveau erreicht, so daß der Mensch dem Druck anfallender Verpflichtungen und Gewissensansprüche gewachsen ist.

Die Relation zwischen dem eigenen Über-Ich-Anspruch einerseits und der Ich-Belastbarkeit andererseits kann sich jedoch in kritischen Situationen zu Ungunsten des Ichs verschieben.

Flucht vor dem Über-Ich

Die Frau (37), die dieses Bild gemalt hat, drückt ihre Angst als Kind aus, von der Mutter, die schwarz und drohend über ihr steht, gestraft zu werden. Als *Fluchtwege* malt sie links im Bild Tür und Fenster.

In der Kindheit hatte sie immer die Phantasie wegzulaufen. Nun als erwachsene Frau flieht sie in den Alkoholrausch. Das Skript-Modell aus der Kindheit – entwischen – hat sich also bis heute erhalten.

Blitz als Symbol der Macht des Über-Ichs/Gewissens

Die Bedrohung durch die Mutter drückt die Malerin mit dem Symbol des Blitzes aus. Schon Zeus, der große griechische Gott, erhielt von den Kyklopen aus Dankbarkeit für ihre Rettung den Donner und den Blitz als Zeichen und Mittel seiner Macht (KERÉNYI[51]).

Die frühen Protestanten gaben Blitz und Donner ungeheure Bedeutung: Gottes Zorn drückte sich in dem Gewitter aus. Das Ich der Gläubigen wurde geduckt und gemahnt zur Reue, »damit wir uns fürchten und beten und Gott anrufen lernen« (Martin Luther zitiert bei KITTSTEINER[52]).

Was hat ein hellgrünes Strichmännchen dem massiven Blitz und Weib entgegenzusetzen?

Sich selbst und die Situation im Griff haben

Der Malerin werden kleine Biegepuppen angeboten. Sie kann diese Biegepuppen an der Stelle der schwarzen und der hellgrünen Figur ins Bild stellen. Auf einmal gibt es keine *Oben-Unten-Dynamik* mehr. Statt dessen ein *Gegenüber*, einen Dialog.

Eine Frau (35) hat über mehrere Jahre eine enge Beziehung mit einer hochgebildeten, sensitiven Frau. Sie idealisiert diese Frau und stellt sie weit über sich selbst. Sie versucht, dem daraus erwachsenden (Über-Ich-)Anspruch gerecht zu werden.

Die Beziehung verändert sich. Die Malerin spürt zunehmend ihre totale Abhängigkeit, findet für sich selbst immer weniger Raum, bekommt keine Luft, beginnt, die bis dahin hochverehrte Frau abzuwerten: Die Idealisierung verwandelt sich in Angst vor dem Anspruch.

Das Bild zeigt diese Angst. Der Anspruch hängt wie eine schwarze Glocke über der Malerin und erstickt sie.

Das Rot der Figur drückt die Auflehnung, die Wut auf die eigene Abhängigkeit und auf das zu hoch angesiedelte Liebesobjekt aus. Die »Zitzen« der Geliebten, die die Malerin lange Zeit (auch geistig) genährt haben, verwandeln sich in erdrückende Dämonen.

Spontane Bilderfolgen
Die Malerin bleibt bei diesem Bild nicht stehen. Sie malt zu Hause weiter. Es entsteht eine ganze Bildfolge, die die Befreiungsversuche des Ichs zum Ausdruck bringen. Auf dem letzten Bild dieser Folge (Bild unten) fühlt sich die Malerin ausreichend gestärkt und in besserem seelischem Gleichgewicht.

Dies ist das Bild eines Studenten (29) mit Prüfungsangst. Er (links im Bild) fühlt sich erdrückt von dem Stoff, hat Angst, ihn nicht zu bewältigen.

Was hat das Ich des Malers dem Ballast des Prüfungsstoffes (dem Verpflichtungsdruck) *entgegenzusetzen?*
Als Therapeut klären wir die Ich-Position:
Hat der Maler einen klaren Standpunkt? Hat er individuelle Farben, die dem Über-Ich-Repräsentanten entgegenleuchten? Hat er Helfer?
Hier auf dem Bild hat der Lernstoff die kräftigsten Farben: Grün. Das *Ich* ist repräsentiert durch ein lila Strichmännchen ohne Sinnesorgane, ohne Hände und Füße. Der Boden ist eine dünne Linie, die sich unter dem Angstdruck verbiegt. Das *Versagens-Angst-Loch* ist so tief, daß das Ich nicht nur in das Loch hineinfällt, sondern auch darin ausgelöscht wird: in dem Trümmerhaufen rechts im Bild ist es farblich nicht mehr vorhanden.

Bilder als Indikatoren von psychischem Mißverhältnis
Das Bild führt dem Maler sehr deutlich das Mißverhältnis zwischen Ich und Über-Ich vor Augen. Probeweise kann er nun, unterstützt vom Therapeuten, »alternative Verhältnisse« visualisieren.

Therapeutischer Umgang mit dem Ich im Bild
Um in das Original nicht hineinzumalen, wurde Pauspapier darübergelegt (vgl. Pauspapiermethode, S. 196).
Die therapeutische Arbeit hatte in diesem Fall links im Bild zu beginnen; der Boden wurde befestigt. Das Paket mit den Lernpensen wurde auf dem befestigten Boden abgestellt. Das Lernprogramm wurde differenziert vor dem Ich ausgebreitet und dem Ich in kleinen Portionen angeboten. Das Bild war also Ausgangspunkt einer neuen Lern-Strategie.

Visualisieren der Lösungen reicht nicht
Der therapeutische Prozeß führte bei dieser Arbeitsstörung also zu einer Art neuem Arbeitskonzept.
Das »bessere Bild« erspart nicht die Kleinarbeit des wiederholten Durcharbeitens im Rahmen einer kontinuierlichen Therapie!

Zusammenfassend läßt sich sagen:

1. Über-Ich-Ängste wirken im Bild oft *von oben* auf den Patienten ein, während die frühen Ängste meist die *Basis,* den Boden unter den Füßen bedrohen.
2. Die meisten Ängste sind, wie auch dieses Bild deutlich zeigt, *Mischformen.*
3. Der Einstieg des Therapeuten hat in jedem Fall über die Ich-Position im Bild zu erfolgen: Indem dieser Ich-Position Zeit und Aufmerksamkeit gewidmet wird, wird sie gleichsam mit *Energie* gefüttert und gestärkt. Daraufhin ist es möglich – stets von der Ich-Position ausgehend –, sich den Angst-Elementen im Bild behutsam anzunähern.

C) Niveau der Objektbeziehungen

Die Abweichungen in der frühen Entwicklung von Selbstliebe und Objektliebe sind vielfältig (KERNBERG[53]). Entsprechend vielgestaltig, ja unerschöpflich, sind die Objektbeziehungs-Modelle, die in spontan gemalten Bildern auftauchen.
(Als *Objekt* bezeichnet die psychoanalytische Ich-Psychologie eine Person, auf die Triebe, Emotionen, Interessen gerichtet sind. Der Begriff ist zweifellos unglücklich gewählt, beinhaltet jedoch nicht, daß der Person die Qualität des Subjekts etwa abgesprochen würde.)
Ich beschränke mich auf die Skizzierung von *narzißtischen* Beziehungsstörungen mit mehr oder minder unausgebildeter Subjekt-Objektgrenze im Bild einerseits und *neurotischen* Objektbeziehungen, bei denen im Gegensatz zu ersteren die Subjekt-Objekt-Grenze erlebt wird und im Bild zum Ausdruck kommt.

Prognose der Übertragung
Für die Prognose einer Behandlung ist es hilfreich zu sehen, welche Beziehungsmodelle ein Patient zu Verfügung hat, inwieweit z. B. frühe Objekt-Beziehungsstörungen die Übertragung zum Therapeuten mitgestaltet werden.
Ich beginne mit der Vorstellung typischer Bildelemente, die auf narzißtische, also frühe Beziehungsstörungen hinweisen.
Aus der dann folgenden Sequenz der Bilder sind die *Schritte der zunehmenden Ich-Reifung* bis hin zu neurotischen Objekt-Beziehungsstörungen ablesbar.

1. Narzißtische Beziehungsmodelle im Bild

»Wie stellen Sie sich denn das Kennenlernen und die ersehnte Beziehung zu einer Partnerin vor?« fragte ich einen 29jährigen Patienten mit einer Frühstörung.
»Das bin ich«, sagte er und malte das linke obere Kreuz.
»Das ist die Frau.« Und malte das linke untere Kreuz. »Wir treffen uns« – *zwei* Kreuze.
»Und dann geht's zusammen weiter.« Der Strich nach rechts oben und *ein* Kreuz.
»Zusammen?« fragte ich. »Ich sehe rechts oben nur noch *ein* Kreuz. Wo ist die Partnerin? Wo sind Sie?«

Aufhebung der Subjekt-Objekt-Grenze / Funktionseinheit
Diese kurz hingeworfene Skizze sagt einfach und eindrucksvoll, wie narzißtische Beziehungsmodelle verlaufen: Der andere wird zur Funktion des eigenen Ichs. Oder das eigene Ich macht sich zur Funktion des anderen.
Kurz: es gibt gar kein klares Subjekt und Objekt mehr, sondern nur noch eins.

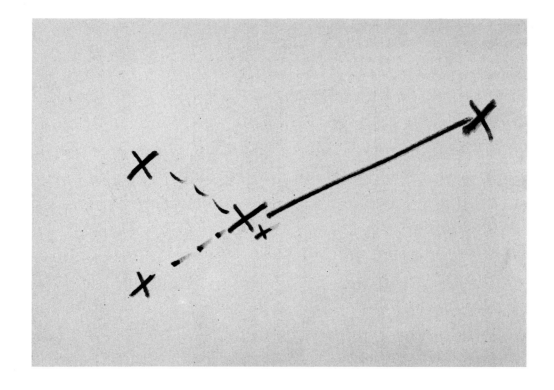

Hier der gleiche Patient zu einem späteren Zeitpunkt. Er hat eine Freundin gefunden. Aber der Patient ist in eine für bindungsängstliche Menschen typische *Dreiecks-Beziehung* verwickelt. Die Freundin hat nämlich noch einen anderen Partner.

Diese Dreieckskonstellation kommt zwar der Angst des Patienten vor Verbindlichkeit, Verantwortung und Nähe entgegen, verwehrt ihm aber gleichzeitig die ersehnte totale Symbiose.

Was malt nun der junge Mann?

Partner als Teilfunktion der Frau

Er malt nur die Frau. Es sieht nur sie. Oder er sieht nur sich, ganz besetzt oder ersetzbar durch die Frau. Er gibt ihr seine Gefühle, die gelben Anteile. Der andere Freund bekommt den Intellekt, das Grün zugewiesen. Auf dem Bild bietet er also beide Männer als Teilfunktionen der Frau an. Es gibt sie als eigenständige Personen nicht mehr.

Subjektstufe: Abgeriegelte Gefühle

Der Riegel im Halsbereich soll die Funktions-»Reviere« der beiden Partner klar voneinander unterscheiden.

Auf der *Subjektstufe* zeigt dieser Riegel jedoch die tiefe Spaltung zwischen Kopf und Gefühl, wie sie bei dem Patienten selber vorliegt.

Die Frau heiratete kürzlich den anderen . . .

Nachreifen des Ichs während des Malprozesses

Im Verlauf der therapeutischen Sitzung malt der Patient zwei weitere Bilder. Dabei kommt es gleichsam zu einem Nachreifen des narzißtischen Beziehungsmodells. Es muß dazugesagt werden, daß der Patient zu diesem Zeitpunkt schon zwei Jahre in psychotherapeutischer Behandlung ist, d. h., in der Übertragung zur Therapeutin bereits reifere Objektbeziehungsmodelle erfahren worden sind. Nur so ist zu erklären, daß der Patient auf seinem 2. und 3. Bild die zunächst narzißtisch ineinander verwobenen Personen als getrennte Menschen malen kann.

Er selbst, der gelbe Anteil, später die gelbe Person, wächst und kann sich auf Bild 3 zumindest schon mal auf dem Bild von der Frau lösen.

Reifungs-Zeichen im Bild

Die aus Bild 2 und 3 ablesbaren Ich-Reifungsschritte sind also folgende:

1. Aus dem ineinander verwobenen Subjekt-Objekt-Gemisch kristallieren sich drei voneinander *getrennte* Personen heraus.
2. Durch die unterschiedlichen *Farben* sind sie deutlich als drei Individuen zu erkennen, die sich im Verlauf dieses Ablösungsprozesses bezüglich *Größe und Position* jeder auf seine Weise verändern.
3. Die voneinander getrennten Personen stehen auf den Bildern in einer gewissen *Beziehung* zueinander.

Dies ist das Bild einer *symbiotischen Zweierbeziehung:*

Bild ♂
Keine Abgrenzung
Ein 40jähriger Mann malt seine Ehe. Sein Auge schaut in das Herz der Frau,
teilnehmend, beobachtend, kontrollierend, Einblick nehmend. Objekt und Subjekt
sind zu einer einzigen Gestalt verschmolzen, es gibt *keine Abgrenzung.*
»Das ist ja entsetzlich«, sagte die Frau, als der Maler ihr sein Bild in der Paartherapie
zeigte und erläuterte.
Drei Jahre später geriet die Ehefrau in eine psychotische Krise. Moralische Gründe,
»er ist ein so guter Mensch«, hielten die Frau zu lange von der dringend nötigen
Trennung ab.

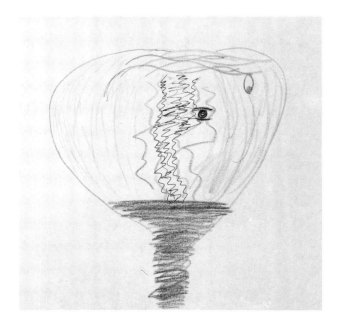

Bild ♀
Symbiotische Elemente
Zur gleichen Zeit, als der Mann sein Beziehungs-Bild gemalt hatte, hatte auch die Frau
die Ehe (Problematik) ins Bild gebracht:

»Wir haben eine *tiefe Verbindung* im Religiösen (deutet auf das Bild unten) und im intellektuellen Bereich (deutet auf den oberen Bildbereich). Mit der Sexualität stimmt es überhaupt nicht, da trennen uns Welten« (deutet auf die *Kluft* zwischen beiden Personen).

Auf dem Bild sind Mann und Frau *in gleicher Weise gestaltet* und haben die *gleichen Farben,* was auf starke symbiotische Anteile in der Beziehung schließen läßt.

Bild ♀ und ♂
Kollusion (WILLY[54])
Betrachten wir die Bilder der beiden Eheleute gleichzeitig, so fragen wir uns:

ob der Blick ins Herz der Frau, diese symbiotische Verquickung beider Existenzen in dem Beziehungs-Bild des *Mannes* etwas mit der später ausgebrochenen paranoiden Psychose der *Frau* zu tun haben könnte: Er möchte *zu* gut verstehen, *zu* viel wissen, *zu* viel teilen;

ob sein Blick in ihr Herz einer permanenten *Unterwanderung ihrer Ich-Grenze* gleichkam. (Wobei allerdings für den Ausbruch der Psychose eine Ich-Labilität im Sinne einer Frühstörung und eine Phase mit Drogen mitbestimmend waren.)

Worauf es in diesem Fall ankommt: daß der Mann die Frau trotz (!) ihrer Psychose wirklich gehen läßt!

Nur so können von beiden Partnern wieder klare Subjekt-Objekt-Grenzen aufgebaut werden.

Ein Mann (31) malt die Beziehung zu seiner Freundin (26).

Nur intellektuell abgegrenzt
Auf diesem Bild sind der Maler und seine Freundin, die ein Kind erwartet, wenigstens zum Teil – als Köpfe – voneinander abgegrenzt. Die Unterkörper jedoch verschmelzen und verschwimmen symbiotisch ineinander. Beine, Füße und Hände, Symbole für Ich-Autonomie, fehlen.
Der Maler hatte seine Freundin auf der Krisenintervention einer Nervenklinik kennengelernt. Die Freundin, Anorektikerin in einer suizidalen Krise, nach jahrelanger Angst vor dem Mann, hätte sich gerne erstmals einer verbindlichen geschlechtlichen Begegnung geöffnet. Leider war diese Beziehung auf die Dauer nicht lebbar, da der Mann, der Maler des Bildes, die allmählich stärker werdenden gesunden Wünsche seiner Partnerin nach *Autonomie* nicht aushalten konnte. Auf jede Selbständigkeit ihrerseits reagierte er mit *Trennungsängsten* und schwerer *Depression.*

Jede Trennung: Zerreißprobe
Das Bild zeigt sehr deutlich: wenn sich die Partnerin entfernt, wird das seelische Gewebe, die seelische Struktur des Malers einer Zerreißprobe ausgesetzt. Er ist mit seinen Lebensadern gleichsam an ihren Kreislauf angeschlossen, ernährt sich und lebt von ihrem Blut. Entfernt sie sich oder trennt sich gar, blutet er aus.

Nicht teilen können
Drohend und triumphierend erhebt sich das werdende Kind, das ebenfalls das Herz der Frau beanspruchen könnte (bereits beansprucht).
Auf der Stufe der unreifen Subjekt-Objekt-Beziehung ist die Fähigkeit zu teilen oft nicht vorhanden. Jeder Anspruch von Dritten wird als Bedrohung erlebt.

Eine 30jährige Patientin mit Bulimie malt ihre sehr nahe Beziehung zum Vater.

Zwei Gebilde mit gemeinsamer Basis
Immer dann, wenn wie hier in der Beziehungs-Symbolik zwei Gebilde die gleiche Basis haben, ist die Subjekt-Objekt-Trennung, also eine frühe Ich-Funktion, nicht vollzogen. Der Therapeut hat sich bei seiner Patientin auf ein nicht leicht zu behandelndes Modell von Übertragung einzustellen:

Ablösungsphase in der Therapie gründlich bearbeiten
Bei dieser Patientin z. B. hat allein der Ablösungsprozeß in der Therapie zwei Jahre gedauert. Nur so konnte genügend Autonomie entwickelt werden: das Gefühl, auf eigenem »Stengel« zu stehen und von eigenen Wurzeln im Boden gehalten zu sein.

Partner: Gleiches Symbol / gleiche Farbe
Mangelhaftes Erleben von getrenntem Subjekt und Objekt ist auch immer dann gegeben, wenn Menschen, die ihre Beziehung malen, für sich selbst und ihren Partner das gleiche Symbol und die gleiche Farbe wählen.
Die Malerin (37) dieses Bildes z. B. kann die Andersartigkeit ihres Ehepartners nicht annehmen und zwingt ihm unbewußt permanent das (Ideal-)Bild auf, das sie auch von sich selbst hat.
Immerhin ist auf diesem Bild formal eine Abgrenzung der eigenen Existenz von der des Partners sichtbar, also im Hinblick auf Objektbeziehung ein höheres Ich-Niveau erreicht.

Steuerlose Schiffe / Orientierungsloses Ich
Fahrzeuge haben in mehrfacher Hinsicht eine Beziehung zum Ich (s. S. 67). Daß auf diesem Bild beide Schiffe ohne Steuermann und ohne Steuer auf den Wellen treiben, hat etwas zu tun mit der Orientierungslosigkeit und Hilflosigkeit, mit der nicht nur die Malerin, sondern auch ihr Ehemann zum Zeitpunkt des Malens ihren bewegten Gefühlen ausgeliefert waren: Ohne Richtung, ohne Stütze, ohne das rechte Wissen um Lösungen.

2. Neurotische Beziehungsmodelle im Bild

Für einen höheren Reifegrad der Ich-Entwicklung sprechen die neurotischen Beziehungsbilder, bei denen der Partner und die eigene Person voneinander gut zu unterscheiden, verschieden gestaltet, in verschiedener Körperhaltung und Farbe und in einer speziellen Beziehung zueinander dargestellt sind.

Fließende Übergänge
Sowohl zu den narzißtischen Beziehungsmodellen als auch zu den »normalen« Konfliktmodellen im Bild gibt es fließende Übergänge.

Wiederbelebung früher Konfliktmodelle
Jeder von uns hat frühe Beziehungserfahrungen und dementsprechend gewisse Beziehungsmodelle, vor allem auch von den Eltern *übernommene Konflikt-Bilder* in der Seele gespeichert, die in aktuellen Beziehungskrisen *wiederbelebt* und ins Bild hineinprojeziert werden.
So betrachtet sagen Beziehungsbilder oft ebensoviel aus über frühere (frühkindliche) Erfahrungen als über die aktuelle Beziehungsproblematik.

Kriterien
Im Laufe der Jahre habe ich für die Beschreibung konflikthafter (neurotischer) Objektbeziehungsmodelle gewisse Kriterien gefunden, die allerdings nur als grundsätzliche Orientierung gelten können, da im allgemeinen im Bild Übergangsformen oder Andeutungen davon auftauchen. Wichtig ist es, den Blick für die *Vielfalt der Varianten* zu schärfen und das *Spiel der Beziehungs-Kräfte* nachzuempfinden.

a) **Maler und Partner teilen sich den Raum**

   aa) *Rechts-Links-Dynamik / Links-Rechts-Dynamik*

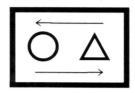

Auf folgendes ist zu achten:
- *Nähe/Distanz*
- *Geben/Nehmen*
- *Starre/Lebendigkeit* des Kontaktes
- *Hinbewegung/Wegbewegung*
- *Macht-/Ohnmacht*symbole
- *Größenunterschiede*
- *Barrieren* dazwischen
- *Reale* Gestalten / *Symbolische* Wesen / *Abstrakte* Zeichen

bb) *Oben-Unten-Dynamik / Unten-Oben-Dynamik*

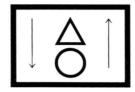

Auf den beiden nebenstehenden Bildern hat sich der Maler (die Malerin) jeweils *unten* ins Bild gemalt, wobei die Beziehungs-Dynamik unterschiedlich erlebt wird.

Basis für die jüngere Schwester
Auf dem oberen Bild stellt ein Mann dar, wie er mit seiner um sechzehn Jahre jüngeren Schwester (8) turnt und sie *spielerisch hochhebt*.
Er ist Vaterersatz für das Mädchen. Er bietet ihr eine existentielle Basis. Auch klingen in der Szene verführerische Seiten und die symbiotische Nähe der Geschwister an.

Last-Trägerin
Das untere Bild hat eine Frau (32) gemalt. Der Ehemann ist vor Monaten schwerst verunglückt. Seine Entlassung aus der Rehabilitationsklinik steht bevor. Der *Verpflichtungsdruck* quetscht der Malerin den Kopf zusammen. Nur schwer kann sie sich vorstellen, einen Teil der Last an die Eltern des Mannes (im Bild rechts neben ihr, dünn angedeutet) zu delegieren.

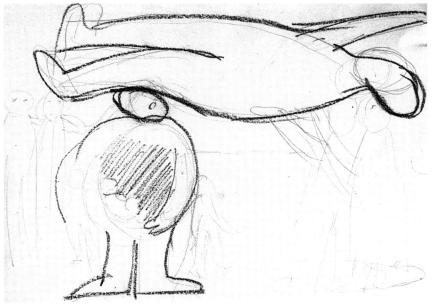

b) **Maler im Zentrum / Partner am Rand**

Gelegentlich erscheint auf einem Beziehungsbild in der Mitte des Blattes ausschließlich der Maler, der Partner wird zwar erwähnt, aber nicht dargestellt
(narzißtische Variante).
Im allgemeinen ist die Beziehungs-Dynamik *Maler im Zentrum / Partner am Rand*
eher angedeutet als kraß ausgedrückt.

Im folgenden Schaubild soll die Dynamik der Kräfte aufgezeigt werden – eine
Dynamik, die immer in mindestens zwei Versionen gelesen werden muß:
Auf der *Subjektstufe* sind die Positionen der Partner *austauschbar!*

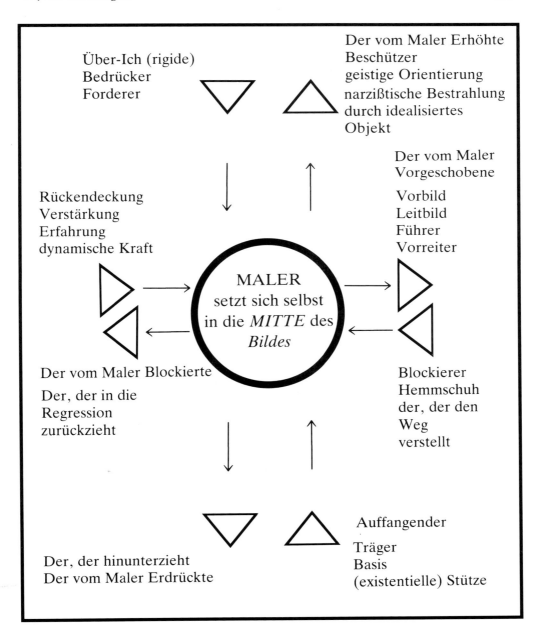

Über-Ich (rigide)
Bedrücker
Forderer

Der vom Maler Erhöhte
Beschützer
geistige Orientierung
narzißtische Bestrahlung
durch idealisiertes
Objekt

Der vom Maler
Vorgeschobene

Vorbild
Leitbild
Führer
Vorreiter

Rückendeckung
Verstärkung
Erfahrung
dynamische Kraft

MALER
setzt sich selbst
in die *MITTE* des
Bildes

Der vom Maler Blockierte

Der, der in die
Regression
zurückzieht

Blockierer
Hemmschuh
der, der den
Weg
verstellt

Der, der hinunterzieht
Der vom Maler Erdrückte

Auffangender
Träger
Basis
(existentielle) Stütze

c) **Partner im Zentrum / Maler am Rand**

Eine Frau (32) malt ein Bild, das einen Konflikt mit ihrem Chef veranschaulicht. Der Chef thront in der Mitte. Je nach Laune hebt er seine Mitarbeiterin (die Malerin) in den Himmel (oben im Bild), unterdrückt sie (rechts im Bild) oder löscht sie durch Abweisung und Nichtbeachtung einfach aus (links im Bild).

Tendenzen des Ichs
Dieses Bild ist Ausdruck einer vorübergehenden Autoritätskrise. Immerhin gibt es Aufschluß über eine Tendenz des Ichs, in mitmenschlichen Belastungskrisen auf eine bestimmte Weise zu reagieren, indem es sich nämlich in verschiedene Teil-Ichs *aufsplittern* läßt.

Dissoziation
Wenn ein Mensch über lange Zeit sein Zentrum aus sich heraus, z. B. in einen anderen Menschen verlagert, von dem er wie in diesem Fall abhängig ist, so kommt es zur Ausbildung dissoziativer Ich-Anteile. Die Einheitlichkeit der Persönlichkeit bricht immer mehr auseinander.

Multiple Persönlichkeit
Beginnt dieser maligne Anpassungsprozeß in der frühen Kindheit, so bildet sich in seltenen Fällen das heraus, was die Psychoanalyse eine multiple Persönlichkeit nennt (ROHDE-DACHSER[35]).

Eine Frau (41) malt ihre Beziehung zu einer anderen Frau in der Gruppe. Sie bewundert deren Fähigkeit, sich zu schmücken. Sie empfindet sie gesammelt und abgerundet. Schön. Sie setzt die andere Frau in die *Mitte,* sich selbst an den äußersten Rand des Bildes.

Idealisierung – Abwehr von Neid
Diese Plazierung hat etwas mit ihrer Unsicherheit als Frau zu tun. Die andere, die »alles hat«, was die Malerin sich wünscht, wird in die Mitte gestellt, bewundert und idealisiert. Idealisierung aus Abwehr von Neid?

»Momentaufnahme« der seelischen Verfassung
Bilder wie dieses entstehen oft aus vorübergehenden Phasen verminderten Selbstbewußtseins und sind nicht als Ausdruck eines Charakterzuges zu bewerten.

D) Niveau der Abwehrmechanismen

Wir sind damit beim nächsten Ich-Entwicklungskapitel angekommen.
Abwehr- und Schutzmechanismen des Ichs sind sowohl im Bild als auch – und vor allem – in allen Phasen des Gestaltungsprozesses erkennbar (s. S. 58).
Wer mit der psychoanalytischen Lehre vertraut ist, kann die *Verhaltensweisen* im Umgang mit dem Bild einerseits und die *Auffälligkeiten im Bild* andererseits den einzelnen Abwehrmechanismen des Ichs zuordnen und auf diese Weise die Reife der Abwehrfunktionen des Ichs abschätzen.
Es folgen einige Bilder, um die psychotische, die Borderline- und die neurotische Abwehr-Organisation des Ichs zu veranschaulichen und einigermaßen voneinander abzugrenzen.

1. (Prä-)Psychotische Abwehr-Organisation

Spaltung
Ein früher, in der oralen Phase anzusiedelnder Abwehrmechanismus ist die *Spaltung* und *Polarisierung*. Das Ich, das der inneren Spannung und Belastung nicht gewachsen ist, kann die Gegensätze nicht mehr gleichzeitig fassen und bricht gleichsam auseinander. *Extreme Pole* des Erlebens stehen verbindungslos ohne die Palette der Zwischentöne und Zwischengefühle nebeneinander.
Eine Frau (22) malt die beiden extremen Gefühls-Pole, zwischen denen sie sich hin- und hergeworfen fühlt.

Formale und farbliche Spaltung im Bild

Die gleiche junge Frau malt dieses Bild. Die Spaltung ist hier sowohl *formal*, in dem Nebeneinander von rund und wellig einerseits und spitz und eckig andererseits – als auch und vor allem *farblich* – im kraß und übergangslos nebeneinander gesetzten Schwarz und Gelb zu erkennen.

Die einäugige Gestalt, auf gelben Wellen schwebend, ist zweigeteilt zwischen diesen Farben. Sie versenkt den schwarzen Anker in der Helligkeit: Ein verzweifelter Versuch des Ichs, die extrem gespaltenen Gefühlswelten in der Tiefe auszuloten und dadurch eine seelische Basis herzustellen.

Integrationsversuche des Ichs
Nicht nur in der Behandlungsstunde, sondern auch zu Hause versucht die Patientin, innere Spannungen zu überwinden, indem sie malt. Die beiden Bilder, die auf diese Weise entstanden sind, gleichen Fieberkurven. Die Prognose ist zweifelhaft, denn vier Fünftel auf dem Blatt spiegeln das Bemühen, und nur auf dem letzten Fünftel kommt die Malerin zu einem integrativen Resultat.

Abwehrmechanismen verschlingen psychische Energie
Aus den Bildern ist ablesbar, wieviel Energie die Aufrechterhaltung dieses Bewältigungsmechanismus kostet und wie es auf die Dauer bei den frühen Störungen zu dem *Lebensdefizit* kommt.

»Dynamik« der Spaltung
Spaltungselemente zeigen auf Bildern alle möglichen Übergänge vom absolut starren Nichts-miteinander-zu-tun-haben bis zum dynamischen Voneinander-weg oder Aufeinander-zu.
In den beiden Bildern dieser Patientin schlagen die *Amplituden* immer weiter aus. Auf beiden Bildern führen sie jeweils nur zu vorübergehenden Erfolgen von *Erdung* (Bild oben) und *Zentrierung* (Bild unten). Die Bilder erweisen sich gleichsam als Meß-Skala der wachsenden inneren Erregungs- und Spannungszustände.

Zersplitterung in Teil-Ichs
Die Versuche der jungen Frau, durch Körpertraining (Aikidu) zu Sammlung und innerer Ruhe zu kommen, beruhigen nur vorübergehend.
Sie kann sich nicht voll äußeren Zielen hingeben, kann ihre Fertigkeiten und Kenntnisse nicht als Zeichen der Ich-Expansion erleben, weil diese nicht den Zweck erfüllt, das eine Teil-Ich mit dem anderen Teil-Ich zu vereinigen (ROSNER[56]).

Dispositionelle Determinanten
Eine übermächtige innere Determinante, wohl auch eine zu diesem Zeitpunkt nicht analysierbare, tiefe *negative Identifikation* mit den Depressiven in der Familie – all dies ist stärker als alle schließlich auch medikamentösen Bemühungen.

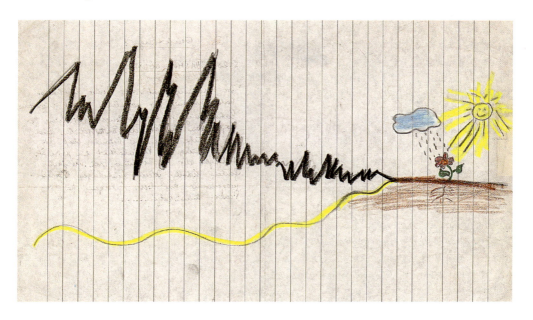

Das wahre und das falsche Selbst (KOHUT)

Ich blende hier ein spontan gemaltes Bild aus der Anfangsphase der Therapie ein, aus dem abzulesen ist, wie hilflos, wie schwach, wie klein sich die junge Frau fühlt, die sich so vertrauensvoll in die Hand der Therapeutin gegeben hat. Das winzige wahre Selbst (KOHUT[57]), das sich auf diesem Bild zeigt, wurde von der jungen Frau leider hinter einer »falschen Fassade« (ROHDE-DACHSER[58]) verborgen gehalten. Unternehmungslust, Betriebsamkeit, Flott-Aussehen, Schick, Gepflegt- und Beredtsein täuschte Freunde und behandelnde Ärzte über die tiefe Selbstwertkrise hinweg. Reisen, sportliche Aktivitäten, Kurse, die begonnen, aber selten bis zu Ende durchgehalten wurden – all das wurde als Zeichen eines sich allmählich stabilisierenden Ichs anstatt als verzweifeltes Aufrechterhalten der »falschen Fassade« gedeutet.

Mißlungene Gratwanderung

Das therapeutische Kunststück, das leider bei dieser 22jährigen nicht gelungen ist: In dem Spannungsfeld zwischen Regression und Autonomie die Gratwanderung zwischen Ängsten und neuen Ufern permanent therapeutisch auszubalancieren.

Psychotische Regression

Zum Auslöser der pathologischen Regression wird eine Klausurprüfung.
Was aus den vorausgegangenen Bildern längst offenbar geworden, aber nicht ernst genug genommen worden war, tritt jetzt eklatant in Erscheinung. Die beiden folgenden Bilder (nächste Seite) verdeutlichen den Zustand der pathologischen Spaltung.

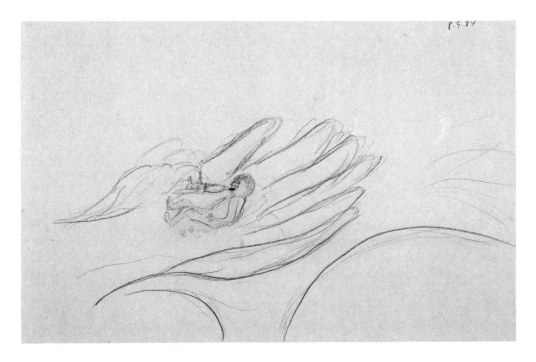

Ich-Zerfall
Unter dem Eindruck der Klinikeinweisung – einerseits einer neuen Belastungssituation, andererseits der »Erlaubnis« zur Regression – bricht das Ich vollends auseinander (Bild oben).
Der regressive Teil entschwebt. Der progressive Ich-Anteil steht fassungslos daneben und kann nichts tun. Ebenso ohnmächtig und hilflos ist die Medizin.

Realitätsverlust
Der regressive Ich-Anteil hat auf dem Bild den Boden unter den Füßen verloren (Realitätsverlust).

Verändertes Malniveau
Die Malerin hat sich in ihrem Malstil verändert. Sie fällt zurück auf die Darstellung der fleischfarbenen, nackten Kreatur, nähert sich damit allerdings dem Essentiellen, der tiefsten Not im Bereich des Selbstwerts, dem wahren Selbst (KOHUT).

Ressource: Sonne als integrierendes Bild-Element
Die beiden Ich-Anteile, der progressive, der noch steht, und der regressive, der aus der Realität entschwebt, werden zusammengehalten von einer gleichsam externalisierten Mitte, einer Sonne, die beide Teile bestrahlt.

Psychotische Regression auch als Chance
Der Therapeut ist nicht Herr und hat keine absolute Macht über den Verlauf von psychischen und geistigen Krisen. Oft sind diese im Sinne einer eindringlichen oder initiativen Botschaft unerläßlich. Oft kommt es, wie in diesem Fall, erst auf dem Umweg über die psychotische Regression zum Wendepunkt und zu heilsamen Erkenntnissen (GROF[59]).

Dynamik der Erkenntnisse
Im unteren Bild deuten sich diese Erkenntnisse an.
Die Malerin sagt, daß sie die zu hohen Ansprüche loslassen müsse, die sie mit der *Schaukel* angedeutet hat. Die Schaukel symbolisiert auch das Abheben, das Über-dem-Durchschnitt-Schweben, das falsche Selbst (KOHUT).
Die Malerin erkennt weiterhin, daß sie vertrauen darf und wieder landen wird.

Das Netz

Das Netz auf dem unteren Bild hat eine ähnliche Funktion wie die Hand des Therapeuten auf der vorigen Seite. Das Netz fängt auf. Das Netz trägt. Das Netz wiegt. Vielleicht hat die Malerin im Verlauf der Therapie für sich selbst eine psychische Netz-Struktur (Ich-Strukturen) gesponnen, auf die sie nach Ablauf der Krise zurückgreifen kann.

Das nächst tiefere Netz, das auffangen könnte, wäre die Hand Gottes (LUKAS[60]).

2. Borderline-Abwehrorganisation

Projektion
Ein späterer, in der analen Phase anzusiedelnder Abwehrmechanismus ist die Projektion.
Eine Patientin malt auf diesem Bild ihre gespannte Beziehung zur Therapeutin in der beginnenden Ablösungsphase. Sie selbst ist rechts, die Therapeutin links im Bild als Ei symbolisiert.

Negative Übertragung
Die Malerin lebt in dauernder Furcht, die Therapeutin – links – würde wie ein teuflisches Ungeheuer auf sie losgehen und ihr etwas antun.

Projektion
Bei der Bearbeitung dieses Bildes wird der Malerin klar, daß sie sich ihre eigene Wut – die Krallen im rechten Ei – nicht erlaubt und sie deshalb im Sinne einer Entlastung des Ichs auf die Therapeutin projiziert.

Übertragungspsychose
In der Therapie kam es in diesem Fall mehrmals zu ernsten Übertragungskomplikationen im Sinne der bei Borderline-Patienten gelegentlich vorkommenden und nur auf die Behandlungsstunden begrenzten Übertragungspsychose (ROHDE-DACHSER[61]).

Ei-Symbolik
Das Ei-Motiv weist in diesem Fall auf die Unreife dieses Übertragungsgeschehens hin, d. h. auf die Frühphase, aus der die Übertragungsprobleme herrühren: Wir behandeln zwar einen erwachsenen Menschen, haben es aber mit einer frühen Schicht zu tun. Mit welcher?

Subphase der Loslösung
Wir sind erinnert an kleine Kinder in der frühen Phase der Loslösung (MAHLER[62]), die sich abwechselnd und manchmal sogar gleichzeitig der Mutter zuwenden und wütend von ihr abwenden. Wut und Abwendung sind in diesem Fall ein Merkmal von Entwicklung. D. h., daß nicht jede Wut auf den Analytiker, wie auch auf das primäre Objekt (Mutter) unbedingt negativ ist.

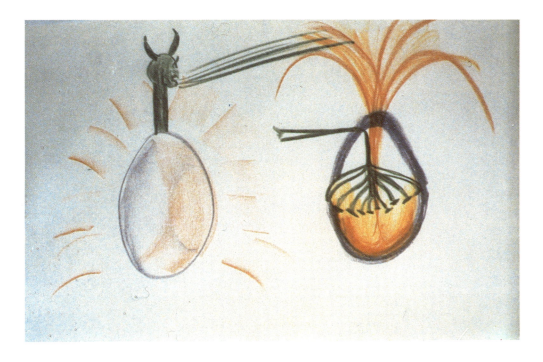

Wiederbelebung früher Ich-Entwicklungsstadien
In der Ablösungsphase von der Therapeutin wurden also u. a. die negativen Aspekte der frühen Loslösungs-Subphase wieder belebt und bedurften einer sorgfältigen Bearbeitung.

Äußere und innere Behandlungsziele
Das Erreichen äußerer Behandlungsziele sollte den Therapeuten nicht dazu verleiten (z. B. auch aus Gegenübertragungsmotiven), auf die differenzierte Bearbeitung dieser Loslösungsproblematik zu verzichten.
Im vorliegenden Fall wurde die Tragweite der aus diesem Bild ablesbaren Ablösungskrise von der Therapeutin unterschätzt und dem Wunsch der Patientin, die Behandlung nach erfolgreichem Abschluß des Studiums (äußeres Behandlungsziel) zu beenden nachgegeben, was sich auf die weitere Entwicklung dieser Frau leider ungünstig ausgewirkt hat.

3. Neurotische Abwehr-Organisation

Verdrängung
Die Verdrängung ist ein Abwehrmechanismus des reifen Ichs, der in der genitalen Phase anzusiedeln ist.
Die Malerin (34) dieses Bildes hat neben der Ehe einen Freund gefunden, der ihr Leben bestrahlt und der sie von den Problemen in ihrer Ehe ablenkt.
Sie malt sich auf dem Deckel eines Kochtopfes liegend, der voll ist von aufsteigenden Ehe-Problemen, in den sie aber nicht hineinschaut. Sie beschwert den Deckel, damit er dem Druck noch etwas standhält.
Dieses Bild zeigt deutlich, wieviel *Ich-Energie* es kostet, auch einen *reifen* Abwehrmechanismus wie die Verdrängung aufrechtzuerhalten. Diese Verdrängungsdynamik kann, wie wir aus dem Bild ablesen, nur vorübergehend funktionieren.

E) Identität und Autonomie

Das letzte Ich-Entwicklungs-Kapitel, das ich hier ansprechen möchte, bezieht sich auf den Grad der erreichten Identität und Autonomie.

Ich beschränke mich in diesem Kapitel auf ein einziges Symbol, nämlich auf das Symbol der »Schnur«, das in unzähligen Variationen Hinweise auf mehr oder weniger gelungene Eigenständigkeit gibt.

Der erste Verbindungsfaden im Leben jedes Menschen ist die *Nabelschnur.* Sie ist das Symbol absoluter *Abhängigkeit* des ungeborenen Kindes von der Mutter. Über die Nabelschnur wird dem Kind alles geliefert, was es zum Leben braucht: Blut, Nährstoffe, Sauerstoff. Über die Nabelschnur werden die Abbauprodukte aus dem embryonalen Organismus abtransportiert.

Der mütterliche Organismus reguliert alles.

Ab dem Moment, wo die Nabelschnur durchtrennt wird, reguliert sich der Organismus des Kindes selbst.

Nicht zu Unrecht hat sich in unserer Alltagssprache der Begriff der *»psychischen Nabelschnur«* eingebürgert. Er besagt, daß die psychische Abhängigkeit des Menschen von der Mutter (den Eltern) wesentlich länger anhält als die körperliche Abhängigkeit, nämlich mindestens bis zur Pubertät; daß sie oft bis ins Erwachsenenalter aufrechterhalten wird. Gelegentlich wird die »psychische Nabelschnur« zeitlebens nicht durchtrennt, wobei sich im Sinne der Psycho-Somatik extreme Verzögerungen der psychischen (Ich-)Autonomie wiederum symbolisch in körperlichen Fehlregulationen, Symptomen und Krankheiten niederschlagen.

Wenn sich Menschen spontan in Bildern ausdrücken, so gibt das Symbol der Schnur sehr häufig einen Hinweis:

– auf *Personen,* zu denen ein Abhängigkeitsverhältnis besteht
– auf *Lebensinhalte,* von denen der Maler abhängig ist;
– auf im weitesten Sinne *regressive Verbindungen.*

Hier malt ein Mann (36) im Zusammenhang mit seinem *Lebenspanorama* (bildhafte chronologische Darstellung des eigenen Lebens) u. a. auch seine Geburt. Er ist zwar geboren, hängt aber noch an der Nabelschnur wie an einer Kette.

Angekettet?
Der Maler betrachtet sein Bild, sinnt nach und sagt: »Ich bin zwar draußen, aber irgendwie komme ich nicht los . . .«
Solche Kommentare treffen nicht nur auf das Geburts-Bild zu, sondern sie charakterisieren den *aktuellen Grad der Autonomie*.

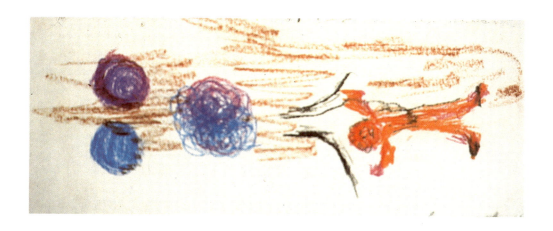

Eine 21jährige Frau malt ihre Familie. Alle vier Familienmitglieder halten sich an einer
Schnur fest wie an einem Rettungsring. Alle sind voneinander abhängig. Keiner ist frei.

Identität nicht erkennbar: Wer ist wer?
Die Identität und das Geschlecht der einzelnen ist nicht ablesbar: Wer ist der Vater?
Wer ist die Mutter? Wer die Malerin? Wer ihre Schwester?
Allen vieren mangelt es an Autonomie. Das zeigt sich daran, daß bei allen
Familienmitgliedern Köpfe, Körper und die Handlungs- und (Fort-)Bewegungsorgane
fehlen.

Ressourcen: Richtungspfeile
Die Pfeile deuten an, daß die einzelnen Familienmitglieder durchaus nach Unabhän-
gigkeit streben.
Tatsächlich hat die psychotherapeutische Behandlung der Tochter dazu geführt, daß
sich die Eltern ihrerseits einer Paartherapie unterzogen haben; daß anstelle der
Generationen-Vermischung *klare Positionen in den jeweiligen Generationen* eingenom-
men wurden; daß die Patientin selbst nach einer psychischen Krise eine neue berufliche
Orientierung gefunden hat.

Eine Frau (29) malt ihr Lebenspanorama.

Sie verwendet dabei zwei Symbole: Das Symbol des *Pflocks* und das Symbol der *Schnur,* die sich um den Pflock herumwickelt. »Die Schnur bin ich selbst«, erläutert sie. »Wo immer ich in meinem Leben geglaubt habe, Halt zu finden, habe ich mich um diesen Halt herumgewickelt. Jedesmal ist etwas Unauflösliches entstanden, und ich bin abhängig geworden. Die gefährlichste Abhängigkeit war die von den Drogen. Die heilsamste Abhängigkeit war die, die ich zu meinen Helfern entwickelt habe.«

Der Malerin wird klar, daß auf der Subjektstufe (siehe Seite 69) der Pflock auch ein Symbol ihres eigenen Ichs ist. Die in dem Lebenspanorama dargestellten Stationen ihres Lebens werden auf diesen eigenen stabilen Ich-Pflock-Anteil hin betrachtet und damit die Ich-Position der Malerin gestärkt.

Aus der gleichen Periode stammt das Bild (oben), in dem die Malerin ihre seelische Not im Zusammenhang mit einer Trennung ausdrückt. Der Mann, von dem sie loskommen will, sitzt Bier trinkend mit seinen Freunden in der Kneipe. Die Verbindung zu ihm, die psychische Nabelschnur, vermag die Malerin nicht zu durchtrennen. Der Trennungsschmerz reißt ihr gleichsam die Eingeweide aus dem Leib. Dennoch bewegt sie sich in die Richtung eines *Tores (Symbol für Übergänge),* in ein autonomeres Leben.

Drei Jahre später ein neues Trennungs-Bild (unten), erneute Trennungsnöte.
Der biographische Hintergrund der Abhängigkeits- und Trennungsproblematik ist im Rahmen einer fortlaufenden Selbsterfahrungsgruppe inzwischen aufgehellt worden. Die Gruppe bietet der Malerin, die inzwischen Mutter von zwei Kindern ist, Schutz und Stütze. Während sie sich mit den beiden Kindern herumquält, pflückt der Mann im Ausland Sterne vom Himmel, verfolgt halsbrecherische Projekte und drängt die Frau in ungewisse Wartepositionen.
Auf dem Bild (unten) hat der Mann wieder die Funktion des Pflockes (s. Lebenspanorama), um den die Malerin ihre Schlinge geworfen hat, um sich zu orientieren und festzuhalten. Das Skript »Pflock und Seil« erscheint jedoch im Bild jetzt weniger starr, »lockerer« als vor drei Jahren. Es wird spielerischer, weniger dramatisch gehandhabt. Nicht mehr der *Bauch,* sondern die *Hand* regiert. Fast scheint es, als habe die linke Hand der Malerin die Schnur der Abhängigkeit soeben losgelassen . . .

Eine Frau (35) malt einen Traum der vergangenen Nacht.
Nach einer abenteuerlichen Fassadenkletterei, bei der ihr Psychotherapeut das Seil gehalten hat, schaut sie durch ein Fenster und erblickt dabei ihre Ängste.

»Seilschaft« mit dem Psychotherapeuten
Die Schnur symbolisiert die Verbindung der Malerin zu ihrem Psychotherapeuten und ihre Abhängigkeit von ihm: denn nur gesichert durch das Seil, das er hält, kann es die Malerin wagen, die bedrohlichen Bilder ihres Unbewußten anzuschauen. Das Seil, an dem sie gehalten wird, garantiert die Rückkehr aus der Welt der Bilder in die Welt der Realität.
Ein Beispiel für eine durch viel Vertrauen geprägte, die tiefsten Bilder nicht scheuende psychotherapeutische Situation.

Das Ur-Modell des Angebundenseins hat immer etwas mit der Eltern-Kind-Beziehung zu tun. Gelingt die Ablösung nicht, so sind es stets *beide* Teile, die festhalten: die Alten und die Jungen.

Gleich zwei Schnüre
Eine Frau und Mutter (50) träumt, sie lasse gemeinsam mit ihrem geschiedenen Mann den 22jährigen Sohn (Sorgenkind) wie einen Drachen in die Luft steigen, wobei Vater und Mutter ihn an einer Schnur halten.
Viel Spielraum für Eigenbewegung ist auf dem Bild nicht zu erkennen. Wie geht der Traum weiter?

Fallschirm als Hilfs-Ich
Der Sohn landet auf einmal mit Hilfe eines Fallschirmes. Die Malerin (Träumerin) ist erleichtert, als sie feststellt, daß der Sohn durch seinen eigenen Fallschirm (Hilfs-Ich) gesichert ist, was die Assistenz der Eltern beim Landemanöver überflüssig macht. Vater und Mutter haben dennoch auf dem Bild (unten) die Schnüre in der Hand behalten.

Identitätskrise
Was bleibt der Mutter? Die Malerin selbst befindet sich in der zweiten Traumszene (Bild unten) in einer Höhle: Gibt sie ihre Funktion als Mutter – im Bild die Schnur – aus der Hand, so entstehen auch für sie (!) gewisse Identitätsprobleme.
Hält sie doch über die Schnur nicht nur die Verbindung zum Sohn, sondern auch die zu dem geschiedenen, noch immer geliebten Ex-Ehemann aufrecht. Diese Art von Verbindung reißt ab, wenn der Sohn autonom wird.
Die Höhle ist der innere Ort einer neuen Orientierung in der Lebensmitte.

Symbolische Offenbarung im Traum und im gemalten Bild
Dieses Beispiel sowie das Beispiel auf der vorigen Seite zeigt, daß das Symbol der (Nabel-)Schnur sowohl in spontan gemalten Bildern als auch im Traum vorkommt und analog zu deuten ist. Das heißt, daß sich die Seele im Traum und im spontan gemalten Bild auf sehr ähnliche Weise symbolisch offenbart.

»Abstand« ist meßbar
Auf den Bildern läßt sich an der Länge der Schnüre der jeweils gewonnene Abstand vom Sohn »abmessen«.

Durchschnittene Nabel-Schnur
Hier schließlich hat ein 20jähriger einen Schritt in die Autonomie aufs Bild gebracht: Er hat die Verbindung, die ihn von den Eltern abhängig gemacht hatte, mit einer Schere durchtrennt: Er ist ausgezogen. Er versucht, sich finanziell auf eigene Beine zu stellen.

Weg-Bewegung
Auf dem Bild, das eher eine flüchtige Skizze ist, ist deutlich zu erkennen, daß der junge Mann sich von den Eltern wegbewegt (Richtung der Füße).

Ambivalenz
Der Maler hat die »psychische Nabelschnur« jedoch noch nicht losgelassen. Die Zurückwendung des rechten Armes und der rechten Hand, die das abgeschnittene Stück Schnur festhält, symbolisieren einen Rest von Bindung. Die Eltern scheinen dem Prozeß entgeistert zu folgen und haben die Verbindungsschnur zum Sohn keineswegs aus den Augen verloren.

Schere – Symbolisches Werkzeug für die Abnabelung
Dem Symbol der Schere, die Bindungen durchtrennt und Autonomie ermöglicht, stehen also auf diesem Bild Symbole der Bindung gegenüber. Da die Schere sehr dominant ist und die Mitte des Bildes beherrscht, ist die Prognose jedoch günstig.

Visualisieren: Entwurf von Entwicklung
Wie schon mehrmals im Text erwähnt, ist es mit einem positiven Entwicklungssymbol auf einem spontan gemalten Bild noch (lange) nicht geschafft. Das Bild hat die Wirkung eines die Psyche in eine gewisse Richtung steuernden *Agens* und darf nicht mit einer bereits gelösten Situation verwechselt werden.

Das Leben übt
Ist die psychische Nabelschnur erst mal durchschnitten, dann ist es das Leben, das mit dem jungen Menschen übt. Im Dialog mit den Spielen und dem Ernst des Lebens entwickelt der psychisch gesunde Heranwachsende das geschlechtlich immer klarer definierte, autonome, beziehungsfähige stabile Ich.

IX. Therapeutischer Umgang mit dem Ich im Bild

A) Grundsätzliches

1. Herstellung des hypnotherapeutischen Feldes (BANDLER/GRINDER[63]) Therapeutische Intuition nur begrenzt lehrbar

Das therapeutische Feld, in dem mit Bildern gearbeitet wird, ist im Sinne der Trance *eingeengt:* Bei der Konzentration auf das Bild stellt sich eine besondere Atmosphäre von Dichte und gleichzeitig das Fließende der Trance ein, wo die inneren Bilder (sowohl des Patienten als auch des Therapeuten) nach den ihnen eigenen Gesetzen flottieren. In diesem hypnotherapeutischen Feld tauchen die Einfälle, die heilsamen Bilder, die Ideen, die Eingebungen auf. Die Kunst ist, sie zu erkennen und aufzugreifen – was einen guten theoretischen Hintergrund und Erfahrungswissen voraussetzt.

2. Beziehung zum Therapeuten soll tragen

Das, was bei der Arbeit mit Bildern trägt, ist die Beziehung zum Therapeuten. Der Therapeut sollte seinen Standort in der Realität nie ganz verlassen. Die ideale Position des Therapeuten im übertragenen Sinn ist die: Mit einem (linken) Fuß steht er im Bild, mit dem anderen (rechten) Fuß steht er in der Realität. So unterliegt er nicht der Gefahr, mit dem Patienten im Chaos der Bilder (auch der ausgelösten eigenen!) zu versacken bzw. andererseits draußen zu bleiben, d. h. nur »über« die Bilder zu sprechen.

3. Mit Ressourcen verbünden Erweiterte Sicht

Die Ausbildung zum Psychotherapeuten ist problemorientiert. In der Praxis begegnen uns Patienten wegen ihrer *Probleme.* Unser Auge und Ohr haben sich im Lauf der Jahre zu sensiblen Organen entwickelt, die auch versteckte, vertuschte und verschobene Probleme erspähen. Die Arbeit mit Bildern erfordert eine erweiterte Sicht: nämlich ein besonderes Auge für die *Stärken* und *Fähigkeiten* des Patienten: Therapeut und Patient brauchen das Bündnis mit den Ressourcen im Bild, um den möglichen Ansturm archaischer Bildinhalte auszuhalten.

4. Keine Abhängigkeit von den Ressourcen des Therapeuten

Es ist besser, das, was der Patient braucht, aus dessen eigenen Bildquellen zu schöpfen als den Patienten von den Quellen des Therapeuten abhängig zu machen.
Ressourcen in der Arbeit mit Bildern zeigen sich auf mannigfaltige Weise, farblich, inhaltlich, formal, auch die Ausdauer und Originalität, das Engagement, die Spiritualität – alles zählt.
Vor allem die Position des Ichs.

5. Bündnis mit dem Ich entsteht durch Aufmerksamkeit

Das Bündnis mit der Ich-Position kommt bereits dadurch zustande, daß der Therapeut diese Ich-Position wahrnimmt! Es scheint eine unmittelbare Beziehung zu bestehen zwischen dem Unbewußten des Therapeuten und dem Unbewußten des Patienten, so daß das reine Bemerken, die *Aufmerksamkeit,* die der Therapeut dem Ich im Bild zollt, z. B, indem er *zuhört,* zu einem unbewußten Bündnis wird.
Insgesamt scheint die Kommunikation auf vier Ebenen zu erfolgen:
– zwischen dem *Bewußtsein* des Therapeuten und dem *Bewußtsein* des Patienten (verbale Kommunikation, Austausch von Informationen);
– zwischen dem *Bewußtsein* des Therapeuten und dem *Unbewußten* des Patienten (Verstehen von dessen symbolischen und unbewußten Inhalten im Bild);
– zwischen dem *Bewußtsein/Unbewußten* des Patienten und dem *Unbewußten* des Therapeuten (Auslösung von Gegenübertragungen);
– zwischen dem *Unbewußten* des Therapeuten und dem *Unbewußten* des Klienten.
Diese letzte Ebene ist die meines Erachtens wichtigste, wahrste. Das Unbewußte des Patienten übernimmt direkt die Bilder aus dem Unbewußten des Therapeuten.
Deshalb ist es so wichtig, daß der Therapeut nach eigenen Selbsterfahrungsprozessen die heilsamen inneren Symbole (Archetypen) in seiner Seele »freigelegt« hat.

6. Tief in die Bilder gehen erst dann, wenn das Ich stark genug ist

Indem der Therapeut der Ich-Position im Bild Zeit und Aufmerksamkeit widmet, wird das Ich energetisiert und gestärkt.

Je schwächer die Ich-Position ist, umso behutsamer muß mit den Bildern umgegangen werden (Dosieren der Bild-Bearbeitung).

Je stärker das Ich, desto tiefer können wir in die Bilder eintauchen.

Schon bei den griechischen Mysterien war die Voraussetzung für das »Aufsteigen«, das vorherige »Hinabsteigen« (Dionysische Kulte). Bei der psychotherapeutischen Arbeit mit Bildern ist es ähnlich: Wir kommen nicht weiter, wenn wir nicht irgendwann so stark sind, hinabzusteigen.

Das Hinabsteigen

Die Frau (34), die die beiden folgenden Bilder gezeichnet hat, ist eines Tages in ihr eigenes »Angstloch« hinabgestiegen. Da kein Therapeut und keine Freunde da sind, ihr zu helfen, hat sie es allein gewagt. Geführt von ihrem Bleistift, hat sie sich an einer Strickleiter in den Abgrund ihrer Seele, in die Dunkelheit, zu den lauernden Ungeheuern hinuntergelassen. Diese entpuppen sich bei näherer Betrachtung als zähmbar und sogar als Helfer: Sie bieten sich als »Plattform« an, von der aus die Malerin wieder hochsteigen und das Tageslicht und festen Boden unter den Füßen erreichen kann (Bild Seite 164).

Das »kreative Subsystem« im Ich (siehe Seite 44) erweist sich als innerer Helfer (Heiler) in der Not.

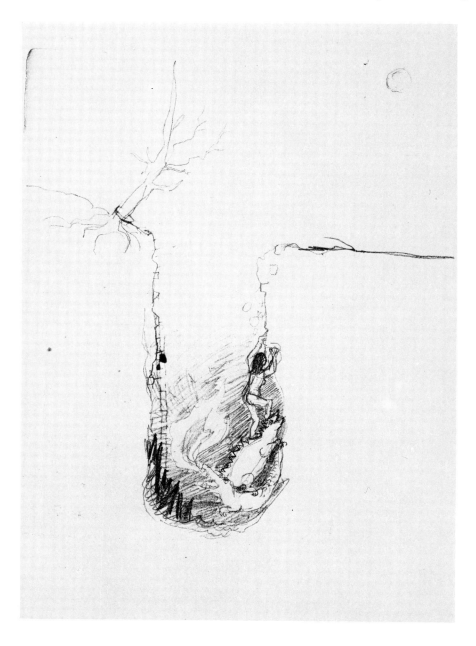

7. Symbole verstehen, aber nicht um jeden Preis deuten

Außer der praktischen Erfahrung bedarf es einer gewissen Bildung, um die Welt der Symbole, auch kulturgeschichtlich-mythologisch zu verstehen und sich allmählich wie selbstverständlich in dieser Welt zu bewegen.

Das besagt aber nicht, daß wir dieses Wissen bei unseren Patienten darstellen müßten. Es ist wichtig, daß wir die Symbolsprache unserer z. B. auch schwerkranken Patienten verstehen (KÜBLER-ROSS [64]). Es ist aber oft nicht angezeigt, oft sogar ein Kunstfehler, den Patienten unsere Deutung mitzuteilen. Vorschnelle Deutungen verstärken die Abwehr.

8. Art der Aufbewahrung der Bilder hat immer symbolhaften Charakter

Es ist nicht gleichgültig, wie und wo das bearbeitete Bild aufbewahrt wird.

Das Bild ist zu würdigen: Es soll z. B. nicht im Gruppenraum herumliegen. Es könnte jemand drauftreten.

Ob das Bild in der *Praxis / Klinik /* bleibt oder *nach Hause* mitgenommen wird, sei dem Patienten überlassen. Wenn er möchte, daß der Therapeut das Bild aufbewahrt, bekommt es die Funktion einer symbolhaften Verbindung mit dem Therapeuten auch in den Behandlungspausen (pars pro toto).

Nach Abschluß der Therapie sollte der Patient seine Bilder zu sich nach Hause nehmen, d. h. die *Verantwortung* für das, was er in Bildern ausgedrückt hat, *übernehmen.*

B) Praktische Interventionen

Im folgenden bringe ich zehn Beispiele dafür, wie ich selbst mit dem Ich im Bild umgehe.

1. Bild-Besprechung

Schon die sog. Besprechung eines Bildes ist ein therapeutisches Kunststück. Es kommt darauf an, Fragen so allgemein zu stellen, daß der Maler Lust bekommt, von sich (vom Bild) zu erzählen: Das Ich assoziiert zum Bild, macht Ausflüge, erweitert sein Spektrum in Bezug auf Vergangenheit, Gegenwart und Zukunft. Das Bild als Mittler bleibt ganz nah oder rückt weit weg. Wichtig ist, daß der Maler, nachdem er sich bildlich ausgedrückt hat, auch verbal kommuniziert. Auf diese Weise werden Bildelemente vom Ich integriert.

Gute und schlechte Fragen
Gut ist also jede Frage, die den Maler anregt zu erzählen.
Schlecht sind Fragen, die der Patient mit Ja oder Nein beantwortet.
Am schlechtesten sind die Fragen, die mit Warum beginnen. Als Antworten haben wir lediglich Rationalisierungen und nie das Eigentliche zu erwarten.
Wenn schon Deutungen, dann nur in Frageform und in der Möglichkeitsform (Konjunktiv). So hat der Maler die Freiheit, die Deutung anzunehmen oder auch nicht.

Spiegeln
Beim Spiegeln beschränkt sich der Therapeut darauf, das, was er auf dem Bild wahrnimmt mit einfachen Worten zu beschreiben. Auch die Kommentare des Malers zu seinem Bild können, zum Beispiel durch leises Nicken des Kopfes, empfangen und zurückgespiegelt werden. Weder die Bilder noch die Worte werden interpretiert. Der Maler fühlt sich dadurch angenommen, verstanden, weder gedrängt noch provoziert und hat Mut, sich selbst und seine Nöte auch in Zukunft in Bildern auszudrücken.

Auch unbesprochene Bilder wirken
Manchmal (Borderline, Psychose) ist es sinnvoll, das Bild erst einmal auf sich beruhen zu lassen und gar nicht zu besprechen. Das Unbewußte beginnt auf alle Fälle mit dem Integrationsprozeß, »es« arbeitet weiter und liefert dem Ich-Bewußtsein neues Bildmaterial z. B. im Traum.

Nicht ins Bild hineinmalen
Während des therapeutischen Umgangs mit dem Bild, z. B. im Rahmen der Bild-Besprechung nichts korrigierend ins Bild hineinmalen (lassen)!
Die Schritte während des Bild-Bearbeitungsprozesses entweder auf Pauspapier oder auf ein neues Bild bringen. So ist der Prozeß in seinen verschiedenen Etappen jederzeit rekonstruierbar.

Wasserrad-Effekt
Besprochenen Bildern folgen neue Bilder. Es ist, als ob ein Wasserrad in Bewegung gesetzt worden sei. Aus der Tiefe hebt es immer neue, schier unerschöpfliche Bilder ans Licht. Das Ich assimiliert, wächst, wandelt sich. Es ergeben sich (Bild-) Prozesse, in denen sich Phasen erkennen und unterscheiden lassen.

Ein Enthüllungsprozeß
Eine Frau (34), die wegen gravierender Ängste in Behandlung war, malte zuhause Bilder, die sie zu den Sitzungen mitbrachte und die dort gemeinsam betrachtet und besprochen wurden. Später nahm die Frau auch an einer kontinuierlichen Gruppentherapie teil.
Die Bilder, von denen für dieses Buch einige ausgewählt wurden, waren das Medium, über das sich allmählich ein frühes Trauma enthüllte: Eine in der frühen Kindheit operativ korrigierte angeborene Fehlentwicklung der großen und der zweiten Zehe.

Erste Phase: Verhüllung des Problems
Eine *Andeutung* des Grundproblems gerät unbewußt ins Bild.

Zweite Phase: Auftauchen eines Lebensproblems
Überflutung mit embryonalen Symbolen
Die Malerin kann (mag) nicht viel zu ihren Bildern sagen
Es scheint, als habe sie Angst, mit ihren eigenen bildnerischen Aussagen in Berührung
zu kommen.
Ein (vorläufiges) Lebensproblem taucht auf:
Die ältere Schwester, zu der ein Rivalitätsverhältnis besteht, ist immer wieder
schwanger und gewinnt mit jedem Kind, das sie gebiert, einen Zuwachs an Macht.

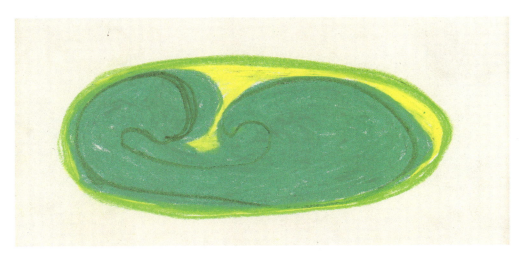

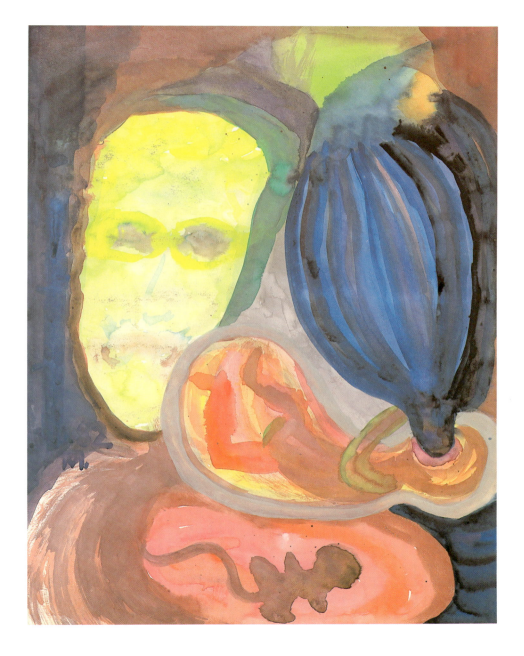

Dritte Phase: Das Grundproblem zeigt sich in den Bildern
Das Lebensproblem, die Rivalität mit der gebärfreudigen Schwester erweist sich z. T.
als *vorgeschoben.*
Das *tiefere* Problem sind die eigenen Füße. Im Säuglingsalter wurden stationär (frühe
Trennungen!) operative Korrekturen an den mißgebildeten Zehen vorgenommen. Bis
heute will die Malerin ihre Füße nicht akzeptieren. Der »Fuß-Komplex« kommt

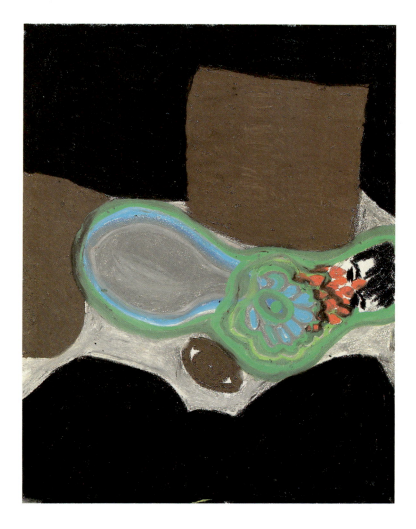

zunehmend ins therapeutische Blickfeld, Das Fortbestehen der Embryonal-Symbole i. d. Bildern weist u. a. auf die Entstehung der Mißbildung im embryonalen Lebensalter hin. Und auf die Angst, eigene Kinder könnten das Übel im Embryonalstadium erben.

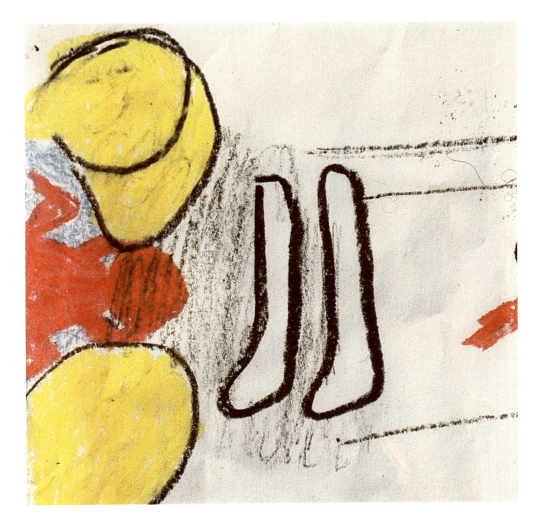

Vierte Phase: Wiederbelebung des frühen Schmerzes
Durcharbeiten der Psychodynamik und der Widerstände
Das Bild zeigt, wie sich zwei Gipsbeine der (psychischen) Geburt in den Weg stellen
(Ausschnitt aus dem Lebenspanorama).

Das Bild zeigt die *Abspaltung des Fuß-Komplexes* und die Neigung zu *Isolation* (Ausschnitt aus dem Lebenspanorama).

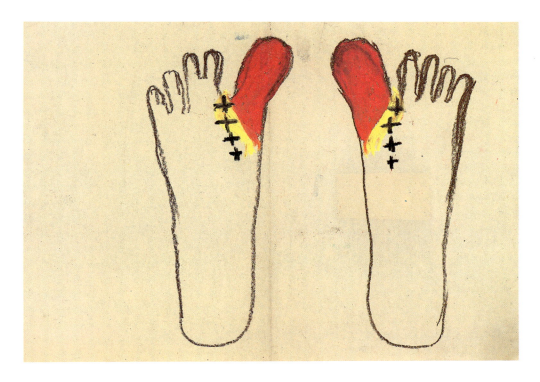

Auf dem Bild ist das Fuß-Trauma gleichsam »freigelegt: Schmerz und Scham werden zumindest bei der Betrachtung des Bildes ausgehalten.

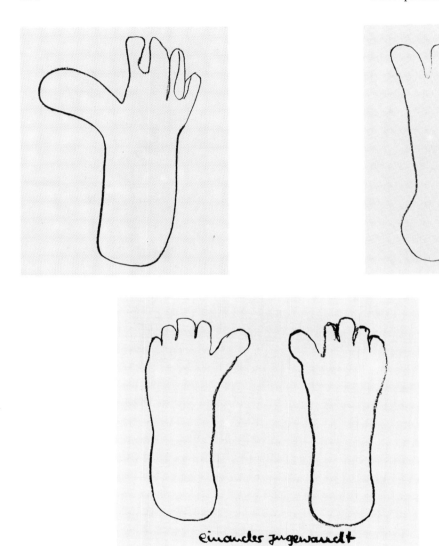

Fünfte Phase: Kennenlernen der Füße / Abmalen / Spiegelübungen / Konzentrative
Bewegungstherapie / Ins-Auge-Fassen der Realität, wie sie ist (nämlich längst nicht so
»schlimm«, wie sie bis dahin subjektiv erlebt wurde).

Sechste Phase: Liebevolle Akzeptanz der Füße
In der Gruppe zieht die Malerin eines Tages spontan die Socken aus. Das zeitlebens Versteckte darf sich zeigen. Komplexe und entsprechende Abspaltungen werden überflüssig.

2. Reframing

Reframing ist eine Art »Wahrnehmungsakrobatik«.
Um sie zu beschreiben, bringe ich zwei Abbildungen, die das Figur-Hintergrund-Phänomen illustrieren.

Figur und Grund

Bei der oberen Abbildung wird im allgemeinen entweder die Vase oder die beiden Gesichter gesehen.
Bei der unteren Abbildung (Rubinsches Doppelprofil) wird im allgemeinen entweder das linke oder das rechte Profil gesehen.

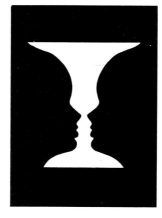

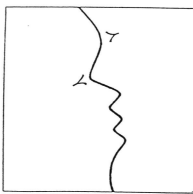

Fokussierte Aufmerksamkeit
Die fokussierte Aufmerksamkeit (SCHOTTENLOHER[65]) sucht Details und trennt auf diese Weise Figur und Grund.

Gestreute Aufmerksamkeit
Der Kunsttherapeut schaut anders: SCHOTTENLOHER setzt der fokussierten, aktiven, differenzierten Aufmerksamkeit das *dedifferenzierende Schauen*, die gestreute Aufmerksamkeit gegenüber, sie beschreibt diesen Zustand der »Passivität« als Zustand äußerster Wachheit (awareness), in dem der »leere« Blick über das Bild gleichsam hinweggleitet, wodurch Trennungen aufgehoben und das Ganze, das Wesen sichtbar wird. Bei dieser gestreuten Aufmerksamkeit können *Figur und Grund gleichzeitig* wahrgenommen werden. In der unteren Abbildung können zwei Menschen gesehen werden, die sich »küssen«.

Reframing
Der Therapeut, der seine kontrollierende, zielgerichtete Einstellung aufgegeben hat und teilhat am Ganzen (ganzen Bild), sieht also mehr, sieht anders und kann z. B. Bild-Elemente, die für den Maler »Hintergrund« waren, zur Figur machen. Das Bild wird also neu gesehen, weiter gesehen, neu definiert und manchmal umetikettiert.

Ich-Ausdehnung beim Reframing
Sowohl das Ich des Therapeuten als auch das Ich des Malers werden beim Reframing gedehnt *(mind stretching)*. Die Methode eignet sich also sehr, wenn es darum geht, Menschen aus einseitigen, starren Deutungsklischees (z. B. »Mikromanien«) herauszuholen und ihnen ihre andere Wirklichkeit zu offenbaren, die sich (auch) im Bild zeigt.

Von der objektstufigen zur subjektstufigen Deutung
Das eindrucksvollste Reframing ist die auf S. 69 bereits erwähnte Intervention, bei der dem Patienten, der sein Bild auf alle Fälle auf der Objektstufe gemeint hat, nun die manchmal unliebsame, manchmal höchst angenehme Deutung auf der Subjektstufe angeboten wird. Z. B. wird dann die Macht des Anderen als eigenes Ich-Potential erkannt.

Umdrehen
Gelegentlich ist es sinnvoll, ein Bild umzudrehen. Es kann sich eine unerwartete entlastende und erheiternde Lösung ergeben. Wie bei all diesen Ich-Operationen am Bild ist es natürlich besonders wünschenswert, wenn der Maler selbst daraufkommt (vgl. Seite 96).

Versunkene Wünsche
Ein Patient klagte. Er hatte die Unerreichbarkeit seiner eigenen Wünsche gemalt, die er schon in der Kindheit vergraben hatte. Er klagte ziemlich lange darüber, daß er nun auch nicht mehr herankönne an das, was er sich wünschte.

Was malt der Patient?
Am Grunde eines schmalen Schachtes, abgesunken und unerreichbar wie die goldenen Kugeln, die in den Märchen in die tiefen Brunnen fallen, liegt, symbolisiert durch einen kleinen Kreis, der abhandengekommene Wunsch.
In der Gruppe beklommene Stille.

Erlösender Einfall
»Dreh doch mal um«, sagt ein Teilnehmer der Therapiegruppe.
Der Patient dreht das Bild um.
»Dann fallen sie ja heraus . . .«
Erleichterung.
Ein befreites Lachen.
Eine »Lösung«, allerdings in einem Bereich jenseits der psychoanalytischen Behandlungstechnik. Rechtshemisphärisch.

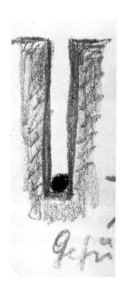

3. Abrunden / Vervollständigen / Ganz machen

Abgeschnittene Bild-Elemente
Ist ein Bild-Element unvollständig dargestellt (halbes Haus, halbes Tier, halber Baum, halber Tisch usw.), d. h., wirkt ein Bild-Element am Papierrand wie abgeschnitten, dann biete ich unter Umständen ein leeres Blatt zum Anlegen an. Die Aufmerksamkeit des Malers wird dadurch auf die Symbolik eines solchen »Abschneidens«, nämlich auf (unbewußtes) Verstecken, Nicht-sehen-wollen, Halbheiten im weitesten Sinne, Kastration und Selbstbeschneidung hin gelenkt.

Widerstände
Manche Maler können das Angebot nicht ohne weiteres annehmen. Hemmungen treten auf. Ängste. Was sie ein Leben lang nicht gewagt haben, sich auszubreiten und zu zeigen, das wagen sie auch jetzt nicht. Es ist wichtig, solche Widerstände sorgfältig zu bearbeiten und dem Maler die Komplettierung seines Bildes nicht aufzuzwingen.
Im allgemeinen jedoch wird das Ganzmachen des Bildes als Befreiung und (Ich-) Erweiterung erlebt. Hat doch das Ich die Tendenz, nichts abzuspalten und jedes Symbol »ganz« (sichtbar) zu machen.

Kastrierter Baum
Ein Mann malt einen »kastrierten« Baum.
Alle Hauptäste, Nebenäste und Zweige sind am Blattrand abgeschnitten.

Verknüpfungen
Wir fragen uns: Welche Vorstellungen verbinden sich in so einem Bild? Es ist einerseits die Vorstellung von *Wachstum,* andererseits die von *Enge.*
Dem Maler werden leere Blätter zum Anlegen angeboten. Er nimmt das Angebot gerne an, nimmt die Blätter mit, setzt das Bild zuhause fort und vollendet es (Bild unten). Die alte Verknüpfung von Wachstum und Enge, in der die Enge das Wachstum quasi aufhebt, ist nun ersetzt durch die Verknüpfung von *Wachstum und Raum.*

Intervention auf der Bild-Ebene
Die hier beschriebene Intervention ist auf den Gestaltungsprozeß selbst gerichtet. Die »bessere Lösung« vollzieht sich direkt auf der Bild-Ebene (SCHOTTENLOHER[66]).

4. Integrieren

Zeigt sich eine (u. U. das ganze Bild umfassende) Spaltung oder ein entsprechend tiefer Abgrund ohne Boden, so ist ebenfalls das Anbieten weiterer leerer Blätter angezeigt. Die Seele hat die Tendenz, das Gespaltene zusammenzuführen. Manchmal bedarf es mehrerer Blätter, um einen zögernden angstbesetzten Integrationsprozeß in kleinen Schritten möglich zu machen.

Auf diese Weise entstehen oft sehr »tiefe« Bilder. Da die Entwicklung des Spaltungsmechanismus sehr früh im Leben anzusiedeln ist, muß der Therapeut den Patienten auch entsprechend tief gehen lassen. Wobei schon im Hauptteil bemerkt wurde, daß der Therapeut seinen Klienten nur so tief begleiten kann, als er selbst schon in seine eigene Tiefe vorgedrungen ist.

Das Ei

Die Malerin (45) des in zwei Hälften geteilten Bildes machte mit oben angelegten Blättern vergebliche Integrationsversuche. Dann wurde ihr vorgeschlagen, die Blätter unten anzulegen. Dabei kam sie zu dem Ergebnis im unteren Bild: Mit dem Ei in der Tiefe fühlte sie sich an die Essenz ihres Seins, an den Ursprung, in etwas in einer schweren psychischen Krise zutiefst Erfahrenes wieder angebunden.

Das gute Gefühl

Woher rührt das gute Gefühl? Aus dem Spannungsbereich der beiden unintegrierten Bildteile (oben) ist die Energie gleichsam hinuntergezogen und im Ei verdichtet worden. Dieses Ei gleicht einem Pendel, einem Lot, das, der Schwerkraft folgend, der Malerin die Richtung zur (Erd-Mutter-)Mitte weist.

5. Sprung ins Dreidimensionale

Perspektiveloses Ich
Strahlt das Bild etwas Aussichtsloses aus, erscheint das Ich ohne Perspektive z. B.
stagniert in einer depressiven Position von Verlassenheit wie auf diesem Bild, wo das
einsame Kind vor der Fassade der Wolkenkratzer zu groß geraten war und deshalb noch
ein kleineres daneben gemalt wurde (!) um das Gefühl der Vereinsamung noch
deutlicher zu machen (in Wirklichkeit wurden hier zwei verschiedene Ich-Positionen
dargestellt, eine progressivere und eine regressivere), geben Bild und Kommentar
wenig her von dem was »drunter« oder »dahinter« liegt, wirkt alles versteinert – dann
warte ich geduldig bis beim Patienten ein Wort auftaucht, das das Ich mobil machen
könnte.

Das Wort des Patienten als Sprungbrett zur Lösung
Die Malerin erklärte, an der blaß gemalten Stelle habe sie flüchtig an Arkaden oder
Torbögen gedacht.
Arkaden – Torbögen – Passagen – Veränderungen – dieses Wort (Symbol) geife ich auf.

Szeno-Spielkasten und Bausteine
Bauklötze, Szeno-Spielpuppen und Tiere etc. liegen immer bereit. »Möchten Sie das,
was Sie beim Malen flüchtig dachten, mal aufbauen?«

Wiederbelebung früher Erfahrungen: Regression im Dienste des Ich
Sobald der Patient etwas zum Anfassen hat, werden frühe gestalterische Erfahrungen
wiederbelebt (SCHMEER[67]). Erfahrungen mit Klötzchen und Püppchen aus der
Kinderstube, ein neuer Elan, ein neuer schöpferischer Mut, eine ganz andere Energie
ist plötzlich im Raum. Das Tor wird gebaut und bietet Durchblick in das regressive
Paradies mit Pflanzen und Tieren. Aus diesem Feld der Kraft kehrt das Ich in die Welt
der Wolkenkratzer verändert zurück.

6. Sprung in eine körpertherapeutische Erfahrung

Manche Bilder bieten sich für eine Übersetzung in die Körpersprache an (PET-ZOLD[68]). In einer Gruppe läßt sich z. B. so ein Bild in wechselnden Rollen »nachbauen«.

Identifikation mit dem Ich/Es
Der Maler nimmt die Position in der Mitte ein. Die Gruppe stellt das viereckige (Über-Ich-)Gefängnis.
Der Maler hat nun die Möglichkeit, die erdrückende Struktur des (über-Ich-)Rahmens zu sprengen.
Danach kann er die Gruppenmitglieder so aufstellen, wie er es sich wünscht: Ich-stützend usw.

Identifikation mit dem Über-Ich
Die Rollen können auch gewechselt werden, d. h. der Maler kann als Teil des (Über-Ich-)Rahmens am eigenen Leibe erleben, wie er sich selbst (sein eigenes Ich/Es) erdrückt und zerquetscht.

7. Die dialogische therapeutische Bild-Geschichte

Es gibt meines Erachtens keine unmittelbarere Möglichkeit, sich ein Bild erschließen zu lassen, als die therapeutische Bild-Geschichte. In Dialogen im Sinne der Gestalt-Therapie (ZINKER[69]) erhellt der Patient selbst sein Bild soweit er will und so weit er kann.
Es gibt viele Möglichkeiten, eine solche Geschichte mit dem Patienten zu dichten (SCHMEER[70]).

Übergangssubjekt
Wahrnehmendes Ich
Als wahrnehmendes Ich (die Rahmen-Position, die der Therapeut von Anfang an einnimmt) wird entweder ein neutrales nicht Komplex-besetztes Bild-Element gewählt (Grashalm, Blatt, Kieselstein etc.) oder, wenn das Bild sehr bedrohlich ist wie im folgenden Beispiel, wird das wahrnehmende Ich im Sinne eines Übergangs-Subjektes (BENEDETTI[71]) vom Therapeuten eingeführt.

Entwicklungsvorschläge
Bearbeitung des Widerstandes
Ergeben sich als Reaktion auf Entwicklungsvorschläge beim Patienten Widerstände, so werden sie auf der Ebene der Bildgeschichte bearbeitet, nach den gleichen Regeln, wie sie auch in der Psychotherapie bearbeitet werden.

Anfängergeist
Das Dichten einer therapeutischen Bild-Geschichte setzt Mut, therapeutische Phantasie, eine „flüssige" (Bilder-)Sprache und theoretisches und methodisches Erfahrungswissen voraus. Paradoxerweise kommt es jedoch, wie bei jedem kreativen, so auch bei diesem »poetischen« therapeutischen Prozeß darauf an, alle eigenen Ego-Positionen (Erwartungen, Wünsche, Vorstellungen, Ziele etc.) zu verlassen und aus jener »harmlosen« Position heraus mit dem Patienten zu arbeiten, die SUZUKI[72] den »Anfängergeist« nennt: Wenn unser Geist mitfühlend ist, dann ist er grenzenlos.

Sucht-Bild
Eine Frau (36) malt ein Bild, das auf den ersten Blick bedrohlich wirkt, vor allem wegen der Anhäufung von Gegenständen und Utensilien, die mit Drogen zu tun haben. Die Malerin arbeitet auf einer Suchtstation und fühlt sich überfordert.

Scheinbar wird auf diesem Bild das Problem der *anderen* dargestellt, das Problem der Menschen, die von der Malerin betreut werden *(Objektstufe)*.

Die Aufhellung des Bildes auf der *Subjektstufe* geschah in diesem Fall über das Dichten einer therapeutischen Bild-Geschichte:

Der Löffel

Therapeut: Es war einmal ein Mensch *(Spielfigur – Angebot eines Übergangs-Subjektes).* Eines Tages gelangte er an einen Ort, wo vielerlei zu sehen war, das er noch nie gesehen hatte *(»harmlose Position« – Anfängergeist. Rein wahrnehmende Ich-Position).*

Allerlei Gegenstände *(im allgemeinen bleiben)* standen herum, die er nicht recht einordnen konnte. In seiner nächsten Nähe allerdings lag ein Gegenstand, der ihm bekannt vorkam. Er hatte einen Stiel und war vorne oval. *(Therapeut zeigt mit dem Finger auf den Löffel).*

Hallo, sprach der Mensch den Gegenstand an. Wer bist Du? Und was tust Du hier? *(Das wahrnehmende Ich – Übergangssubjekt – tut so, als ob es eben auf die Erde gefallen sei und nichts sicher benennen oder gar deuten kann)*

Malerin: Ich bin ein Löffel

Therapeut: Ein Löffel? fragte der Mensch. Was ist ein Löffel? *(Der Therapeut »weiß« nichts. Er überläßt alle Interpretationen dem Maler)*

Malerin: Mich nehmen die Menschen her, wenn sie essen.

Therapeut: Oh, toll, zum Essen bist Du da. Erzähl mal.

Malerin: Ja, da kann man süßes Mus reintun. Aber man kann mich auch mißbrauchen *(Beim Wort „mißbrauchen" horcht der Therapeut auf, greift es aber angesichts des bedrohlichen Gesamtbildes [Suchtsymbole] nicht auf, sondern greift die Ressource im Satz auf, nämlich das Wort Mus)*

Therapeut: Mus? sagte der Mensch, Was ist das denn? Das Wort habe ich ja noch nie gehört.

Malerin: Mus ist süß auf der Zunge. Und weich. Man braucht es nur im Mund zergehen zu lassen.

Therapeut: Hmm . . . *(Der Therapeut spiegelt das orale genüßliche, lustvolle, das Regressive)*

Malerin: Ja, aber manchmal legen die Menschen den, der das Mus bekommt, rein und füllen Rizinus unter das Mus.

Therapeut: Rizinus, was ist das denn? *(Wieder »dumm« stellen. Nichts voraussetzen. Nichts »wissen«!)*

Malerin: Rizinus schmeckt eklig. Es wird dann unter das Mus gefüllt, und derjenige, der meint, er bekomme Mus, hat plötzlich das eklige Öl im Mund.

Therapeut: Ach, die mischen das einfach drunter? Und Du als Löffel sagst nichts?

Malerin: Ich kann mich leider nicht wehren. Meistens sind es die Kinder, die werden ganz gemein reingelegt.

Therapeut: Und Du mußt das Spiel mitmachen?

Malerin: Ja, weil die Großen mich in die Hand nehmen. Und die Kleinen kriegen es in den Mund geschoben, ob sie wollen oder nicht *(Die Atmosphäre der Trance, das hypnotherapeutische Feld, die Regression im Dienste des Ichs wird immer deutlicher. In Wirklichkeit spricht immer weniger der Löffel und immer mehr das kleine Kind. Die Malerin ist dieses Kind)*

Therapeut: Und die Kleinen wollen eigentlich was anderes? Was wollen die denn? *(Mit dem eigentlichen, dem primären Bedürfnis in Kontakt bringen!)*

Malerin: Die wollen das Mus. Süß und weich. Die wollen auf den Arm genommen werden. Außer dem Mus wollen sie auch die Mutter ganz nah bei sich.

Therapeut: Die Mutter ganz nah bei sich? Kannst Du mir vormachen, was die Kinder wirklich wollen?

Wie von selbst ergibt sich aus dieser einfachen Geschichte ein therapeutisches Angebot, das die Malerin, wenn sie will, annehmen kann. (Anlehnung. Nähe. Geborgenheit).

8. Das progressive therapeutische Spiegelbild

BENEDETTI[71] verwendet – speziell bei Schizophrenen – die Pauspapier-Methode. Er legt transparentes Papier über das Bild, das der Patient gemalt hat und macht auf diesem Transparent-Papier seine Ich-Entwicklungs-Vorschläge, indem er z. B. die wahnhaften Bildelemente modifiziert. Auf dem nächsten Pauspapier übernimmt der Patient soviel von diesen angebotenen Ich-Anteilen wie er übernehmen kann und will. Diese Methode ist nicht an die Einbeziehung von Sprache gebunden.

9. Falten des Bildes

Einen gewissen »Eingriff ins Bild« stellt das Falten dar.
Durch die Falten werden einerseits Bild-Elemente hervorgehoben, andererseits Bild-Elemente weggefaltet.

Barrieren / Höhenunterschiede wegfalten
Die Methode kann sinnvoll sein, wenn es darum geht, anschaulich zu machen, wie es ist, wenn ein Element, das »dazwischen« ist, auf einmal weg (-gefaltet) ist; oder eine sehr (zu) hoch angesiedelte Ich-Position (Anspruch) durch Wegfalten der Höhe gleichsam auf den Boden zurückgeholt wird. Das Falten ist ein Eingriff, der dadruch gerechtfertigt ist, daß er jederzeit reversibel ist.

Hervorheben einer Ressource durch Falten
Die Patientin, die dieses Bild (nächste Seite) gemalt hat, war über sich selbst erschrocken. Da sie unlängst wegen einer psychosenahen Krise stationär gewesen war, hielt ich es für sinnvoll, ihr Bild einmal / nocheinmal / und nocheinmal zu falten und lediglich das im Kreis eingerahmte und dadurch hervorgehobene und gut abgegrenzte Ich-Symbol an der Wand aufzuhängen.
Die Bearbeitung der übrigen Bild-Elemente – sie besagen, daß die Patientin bei ihrer Geburt den ersten Tod gestorben ist (weil sie nicht angenommen wurde!) behalte ich mir vor für eine Zeit, wo die Patientin stabiler ist.

10. Ausschneiden

Visualisieren einer neuen Dynamik
Das Ausschneiden ist eine Möglichkeit, spielerisch auszuprobieren, wie gewisse Bild-Elemente in einer neuen Zuordnung miteinander eine völlig neue Dynamik, ein ganz neues Lebensgefühl auslösen.

Begrenzt reversibler Eingriff ins Bild
Dieser Eingriff ins Bild ist nur in der Hinsicht reversibel, als die ausgeschnittenen Elemente später wieder in ihrer ursprünglichen Beziehung zueinander auf ein Papier gelegt oder geklebt werden können.

Ich-Irritation
Eine Frau (48) drückt in ihrem Bild eine aktuelle Irritation aus. An einer anderen Person stört sie etwas (Bild oben).

Ich-Symbol-Ebene
Das Bild gestaltet sich gleichsam aus der Ich-Symbol-Ebene heraus: Kräfte prallen aufeinander, stören und behindern sich. Das Viereck wird fast verletzt. Die Malerin ist mit ihrem Bild nicht zufrieden.

Energie-Verschiebung
Die Irritation, die sich im Bild ausdrückt, wird nicht analysiert. Die therapeutische Intervention vollzieht sich ausschließlich auf der Bild-Ebene. Die Aufforderung, die Bild-Elemente auszuschneiden, bietet der Malerin die Möglichkeit, vielleicht auf einer nächsttieferen Ebene ein »besseres« Bild zu finden (Bild links unten).

Selbst-Symbol-Ebene
Die Irritation des Ich löst sich auf, sobald sich durch *meditatives Ausprobieren* auf einer nächsttieferen Ebene das *Selbst* gestaltet (Bild rechts unten).

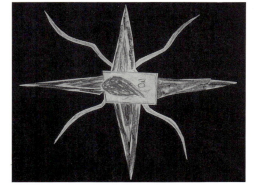

Schlußwort

Menschen, Schicksale und Prozesse sind in diesem Buch ins Bild und zur Sprache gekommen.

In besonderem Licht stand das Ich, das wichtigste Element im spontanen Bild jedes Patienten, der sich einer kunsttherapeutischen Behandlung stellt.

Es gibt heute eine Fülle von Persönlichkeitstheorien und (oder) psychotherapeutischen Lehren und Richtungen, auch in der Kunsttherapie (RUBIN[74]).

Aus diesem Grunde erschien es sinnvoll, von einem einzigen Symbol, nämlich dem Ich im Bild, auszugehen, einem Bild-Element, das in allen psychologischen Schulen einen zentralen Stellenwert hat.

Von den Ich-Positionen im Bild ausgehend wurde versucht, unterschiedliche psychodynamische Ansätze in der Kunsttherapie transparent zu machen: Den *psychoanalytischen* Ansatz von FREUD, die *Objektbeziehungstheorie* von MAHLER und anderen, die *Selbstpsychologie* KOHUTS und den Ansatz der *Analytischen Psychologie* von C. G. JUNG.

Gelegentlich wurden die Bilder auch unter dem *Gestalt-Aspekt* von PERLS und als *spirituelle Botschaft* betrachtet.

Es reicht heute nicht mehr aus, daß Kunsttherapeuten ihre Arbeit intuitiv gut tun. Um ein oberflächliches Mischmasch von Theorie und (oder) Praxis zu vermeiden, müssen wir üben, immer klarer zu wissen, was wir tun. Deshalb bedürfen die Theorien eines sorgfältigen Studiums.

Der beste methodische Ansatz ist immer der, auf den unser jeweiliges Gegenüber in eben diesem Moment am positivsten reagiert.

Anmerkungen und Literatur

1 *Kerényi, K.:* Die Mythologie der Griechen, Band I: Die Götter- und Menschheitsgeschichten dtv, München 1966, S. 21
2 *Hartmann, H.:* Ich-Psychologie und Anpassungsproblem, Klett-Cotta, Stuttgart 1975
3 *Jung, C. G.:* Originaltexte siehe bei *Hark, H.:* Lexikon Jungscher Grundbegriffe, Walter Verlag, Olten 1988, S. 150
4 *Stevens, A.:* Archetype. A Natural History of the Self, Routledge and Kegan Paul, London and Henley, 1982
5 *Moore, K.:* Embryologie, Schaltauer Verlag, Stuttgart
6 *Fromm E.:* Märchen, Mythen, Träume, Rowohlt Taschenbuch, Reinbek bei Hamburg, Oktober 1981, S. 17 ff
7 *Neumann, E.:* Ursprungsgeschichte des Bewußtseins. Rascher Verlag, Zürich 1949
8 *Weber, G.* (Hrsg.): Zweierlei Glück. Die systemische Psychotherapie Bert Hellingers, Carl-Auer-Systeme, Heidelberg 1993, S. 139 ff
9 *Camus, A.:* Der Mythos von Sisyphos. Ein Versuch über das Absurde, Rowohlt München, 1956, S. 98–101
10 *Grunberger, B.:* Vom Narzißmus zum Objekt, Suhrkamp, Frankfurt 1976
11 Henderson, J. L.: Der moderne Mensch und die Mythen in: Der Mensch und seine Symbole, Walter Verlag, Olten und Freiburg im Breisgau 1979, S. 110 ff
12 *Jung, C. G.:* Zur Psychologie der Trickster-Figur, Gesammelte Werke, Walter Verlag, Band IX.
13 *Jung, C. G.:* Über die Entwicklung der Persönlichkeit, Gesammelte Werke, Walter Verlag, Band XVII
14 *Fromm, E.:* Märchen, Mythen, Träume, Rowohlt, Reinbek 1986, S. 131 ff
15 *Freud, S.:* Die menschliche Sexualität. Der Untergang des Ödipuskomplexes (1924), in: Werkausgabe in 2 Bänden, S. Fischer, Frankfurt 1978, Band 1, S. 229 ff
16 *Freud, S.:* Die Struktur der menschlichen Persönlichkeit, in: Werkausgabe in 2 Bänden, S. Fischer, Frankfurt 1978, Band 1, S. 366 ff
17 Buxbaum, R.: Persönlicher Seminarbeitrag
18 *Blanck, G.* und *R.:* Ich-Psychologie II, Klett-Cotta, Stuttgart 1980, S. 29 ff
19 *Rapaport, D.:* Gefühl und Erinnerung, Klett-Cotta, Stuttgart 1977
20 *Klein, M.:* Some theoretical conclusions regarding the emotional life of the infant, 1952, in Developments, 206
21 *Abraham, K.:* Versuch einer Entwicklungsgeschichte der Libido aufgrund der Psychoanalyse seelischer Störungen, 1924. In Psychoanalytische Studien zur Charakterbildung, S. Fischer, Frankfurt/M., 1969, S. 134–142
22 *Freud, S.:* Das Ich und das Es (1923), Werkausgabe Fischer, Bd. 1, S. 369 ff
23 *Freud, A.:* Das Ich und die Abwehrmechanismen. (1936), Kindler, München 1964
24 *Hartmann, H.:* Ich-Psychologie und Anpassungsproblem (1939). Psyche 14, 1960, S. 81–164
25 *Glover, E.:* The concept of Dissociation. Int. J. Psychoanal. 24, 1934, S. 7
26 *Kris, E.:* Die ästhetische Illusion (1952), Suhrkamp, Frankfurt/M. 1977
27 *Dolto, F.:* Das unbewußte Bild des Körpers, Quadriga Verlag, Weinheim und Berlin 1987

28 *Mahler, M.:* Die psychische Geburt des Menschen, Fischer Verlag, Frankfurt/M. 1980
29 *Egger, B.:* Bilder verstehen, Zytlogge Werkbuch, Zytlogge Verlag, Eigerweg 16, CH 3073 Gümligen
30 *Bachmann, H.:* Malen als Lebensspur, Klett-Cotta, Stuttgart 1985
31 *Müller-Braunschweig, H.:* Aspekte einer psychoanalytischen Kreativitätstheorie. In: Psychoanalyse, Kunst und Kreativität heute (Kraft Hrsg.), dumont Taschenbuch, Köln 1984, S. 122 ff
32 *Kohut, H.:* Die Heilung des Selbst, stw 373, Suhrkamp Verlag, Frankfurt 1981
33 *Freud, S.:* Über den Traum (1901), in: Werkausgabe Fischer Verlag, Frankfurt/M. 1978, Band 1, S. 77 ff
34 *Furth, G. M.:* Heilen durch Malen, Walter-Verlag, Olten und Freiburg im Breisgau 1992, S. 36
35 *Bach, S.:* Spontanes Malen, Acta psychosomatica B, Basel (Geigy) 1966
36 *Schmeer, G.:* Heilende Bäume, Pfeiffer Verlag, München 1990
37 *Jung, C. G.,* siehe bei *Hark, H.:* Lexikon Jungscher Grundbegriffe, Walter Verlag, Olten 1988, S. 121 ff und S. 155 ff
38 *Blanck, G.* und *R.:* Angewandte Ich-Psychologie, Klett-Cotta 1974, S. 119 ff
39 *Faradey, A.:* Deine Träume – Schlüssel zur Selbsterkenntnis, Fischer Verlag, Frankfurt/M. 1978, S. 214
40 *Perls, F. S.:* Gestalt, Wachstum, Integration, Junfermann Verlag, Paderborn 1980, S. 193 ff
41 *Jung, C. G.:* Die Archetypen und das kollektive Unbewußte, Gesammelte Werke IX. Walter Verlag
42 *Poe, E. A.:* Hinab in den Maelström, in: »Das Feuerpferd« und andere Novellen. Georg Müller Verlag, München und Leipzig, 1910, S. 69
43 *Brüder Grimm:* Kinder- und Hausmärchen Nr. 24: Frau Holle
44 *Laotse:* Jenseits des Nennbaren. Sinnsprüche aus dem Tao Te King von Linde von Keyserlingk. Herderbücherei »Texte zum Nachdenken« Band 741, Herder Verlag, Freiburg, Basel, Wien 1979, S. 115
45 *Bandler, R., Grinder, J.:* Reframing. Junfermann Verlag, Paderborn 1985, S. 17 ff
46 Johannes-Evangelium, Kap. 10, Vers. 34; siehe auch: *Klein, J. W.:* Ihr seid Götter. Die Philosophie des Johannes-Evangeliums. Verlag Günther Neske, Pfullingen 1967
47 *Wilber, K.:* Die drei Augen der Erkenntnis. Kösel, München 1988, S. 119 ff
48 *Freud, S.:* Über infantile Sexualtheorien. (1908) Werkausgabe s. o., 1. Band, S. 318 ff
49 *Orwell, G.:* 1984, Ullstein (Ozeanische Bibliothek 1984), Berlin 1990
50 *Hoffmann, Dr. H.:* Die Geschichte vom Daumenlutscher, in: Der Struwwelpeter, ungekürzte farbige Ausgabe, Pestalozzi Verlag
51 *Kerényi, K.:* Die Mythologie der Griechen, Band I. dtv, München 1966, S. 25 ff
52 *Kittsteiner, H. D.:* Die Entstehung des modernen Gewissens. Insel Verlag, Frankfurt/M. 1991
53 *Kernberg, O. F.:* Borderline-Störungen und pathologischer Narzißmus. Suhrkamp Verlag, Frankfurt/M. 1978, S. 265 ff
54 *Willi, J.:* Die Zweierbeziehung. Rowohlt, Reinbek bei Hamburg 1975, S. 162 ff
55 *Rohde-Dachser, C.:* Das Borderline-Syndrom. Verlag Hans Huber, Bern, Stuttgart, Wien 1983, S. 49 ff

56 *Rosner, S.:* zitiert bei Rohde-Dachser, C.: Das Borderline-Syndrom. Verlag Hans Huber, Bern, Stuttgart, Wien 1983, S. 128 ff

57 *Kohut, H.:* Narzißmus. Suhrkamp Taschenbuch Wissenschaft, Frankfurt/M. 1973, S. 15 ff

58 *Rohde-Dachser, C.:* Das Borderline-Syndrom. Verlag Hans Huber, Bern, Stuttgart, Wien 1983, S. 129 ff

59 *Grof, S. und C.:* Spirituelle Krisen. Kösel Verlag, München 1990

60 *Lukas-Evangelium,* 23/46

61 *Rohde-Dachser, C.,* s. o., S. 218 ff

62 *Mahler, M. S.:* Die Bedeutung des Loslösungs- und Individuationsprozesses für die Beurteilung von Borderline-Phänomenen (1971). Psyche 1975, 29: S. 1078–1095

63 *Bandler, R. und J. Grinder:* Neue Wege der Kurzzeittherapie, Neurolinguistische Programme. Junfermann Verlag, Paderborn 1981; dies.: Struktur der Magie. Band I, Metasprache und Kommunikation. Junfermann Verlag, Paderborn 1981

64 *Kübler-Ross, E.:* Verstehen, was Sterbende sagen wollen, Einführung in ihre symbolische Sprache. Kreuz Verlag 1982

65 *Schottenloher, G.:* Das therapeutische Potential spontanen bildnerischen Gestaltens unter besonderer Berücksichtigung körpertherapeutischer Methoden. Hartung-Gorre Verlag, Konstanz 1989, S. 115 ff

66 *Schottenloher, G.:* s. o., S. 23 ff

67 *Schmeer, G.:* Das sinnliche Kind. Klett-Cotta, 3. Auflage, Stuttgart 1993

68 *Petzold, H.:* Die neuen Körpertherapien. Junfermann Verlag, Paderborn 1982

69 *Zinker, J.:* Gestalttherapie als kreativer Prozeß. Junfermann Verlag, Paderborn 1984

70 *Schmeer, G.:* Heilende Bäume, Pfeiffer Verlag, München 1989, S. 192 ff

71 *Benedetti, G.:* Psychotherapie als existentielle Herausforderung, Vandenhoeck & Ruprecht, Göttingen 1992, S. 223 ff

72 *Suzuki, S.:* Zen-Geist, Anfänger-Geist. Theseus Verlag, Zürich 1982

73 *Benedetti, G.:* s. o.

74 *Rubin, J. A.* (Hrsg.): Richtungen und Ansätze in der Kunsttherapie, Gerardi-Verlag für Kunsttherapie, Karlsruhe 1991

Quellen-Nachweis der Abbildungen

Abb. S. 14:   übernommen aus: C. G. Jung: Der Mensch und seine Symbole. Walter Verlag, Olten 1968, S. 246

Abb. S. 14:   übernommen aus: C. G. Jung: Der Mensch und seine Symbole. Walter Verlag, Olten 1968, S. 202

Abb. S. 15:   übernommen aus: »Der große Brockhaus« / Stichwort: Entwicklungsgeschichte II

Abb. S. 16:   Diagramm nach Stevens, A.: Archetype, S. 93, zitiert bei Kathrin Asper, Verlassenheit und Selbstentfremdung, Walter Verlag, Olten, Freiburg 1987, S. 78

Abb. S. 18:   Das Labyrinth des Minotaurus, auf einer kretischen Münze aus dem Jahre 67 v. Chr. Britisches Museum (Natural History) London

Abb. S. 19:   Prometheus, der zur Strafe an einen Felsen gekettet und von einem Adler gemartert wird. Griechisches Vasenbild, Etruskisches Museum des Vatikans, Rom.

Abb. S. 20:   Ödipus vor der Sphinx. Rotfigurige Schale aus dem Kreis des Duris, ca. 490/480 v. Chr., Rom, Vatikanisches Museum

Abb. S. 21:   Sisyphos in der Unterwelt. Vasenbild von einer attischen schwarzfigurigen Hals-Amphore, 6. Jh. v. Chr., Museum antiker Kleinkunst, München

Abb. S. 22:   Herakles fängt Kerberos. Rotfigurige Amphore des Andokides-Malers aus Vulci, ca. 510 v. Chr., Paris, Louvre

Abb. S. 27:   Der weise Kentaur Cheiron erteilt dem jugendlichen Achilleus Ratschläge. Vasenbild, Louvre, Paris

Abb. S. 53–57: übernommen aus: Egger, Bettina: Bilder verstehen, Zytglogge Verlag, © 1984 CH-Gümligen, S. 14–65

Abb. S. 124–130: Schema-Zeichnungen der Verfasserin

Abb. S. 182:   übernommen aus: Zinker, J.: Gestalttherapie als kreativer Prozeß, Junfermann Verlag, Paderborn 1984, S. 98

Abb. S. 182:   übernommen aus: Schottenloher, G.: Das therapeutische Potential spontanen bildnerischen Gestaltens unter besonderer Berücksichtigung körpertherapeutischer Methoden. Hartung-Gorre Verlag, Konstanz 1989, S. 115 ff

Stichwortregister